Grandi Manuali Newton

140

Collaboratori redazionali: Paola Grieco, Geraldine Meyer, Fabio Parietti

Prima edizione: giugno 2012

Roma, Casella postale 6214

ISBN 978-88-541-3698-4

www.newtoncompton.com
www.voglioviverecosi.com

Realizzazione a cura di Pachi Guarini, Roma
Stampato nel giugno 2012 da Puntoweb s.r.l., Ariccia (Roma)
su carta prodotta con cellulose senza cloro gas provenienti da foreste
controllate e certificate, nel rispetto delle normative ecologiche vigenti

Alessandro Castagna

Come lasciare tutto e cambiare vita

Newton Compton editori

Ai miei genitori, Elsa e Virgilio,
che mi hanno sempre sostenuto.

Prefazione

Poco più di cinque anni fa nel giro di pochi mesi tre amici hanno scelto di lasciare l'Italia per iniziare una nuova vita all'estero. Che azzardo!

Poi però ho capito che in queste partenze c'era qualcosa che mi interessava e mi riguardava. Da quella che mi era sembrata una romantica follia è nato Voglio Vivere Così, un sito che raccoglie le testimonianze e le storie di persone che hanno deciso di mettersi in gioco per cambiare la loro vita e inseguire il loro sogno.

In cinque anni abbiamo intervistato più di mille persone e raccontato storie tra loro molto diverse. C'è chi è partito per amore, chi per avviare un'attività all'estero, molti sono rimasti in Italia cambiando completamente stile di vita. Abbiamo incontrato un informatico che ora vive solo dei prodotti dei suoi campi, un editore che solca i mari della Polinesia con il suo veliero, un dirigente d'azienda che adesso organizza viaggi in Nepal, due ragazzi che hanno lasciato un impiego sicuro per fare il giro del mondo.

Sarà follia? Questo libro e le testimonianze raccolte sembrano dire il contrario. *Come lasciare tutto e cambiare vita* è stato scritto con l'intento di capire quali sono le motivazioni che spingono al cambiamento, gli ostacoli che lo frenano e gli stimoli che lo incoraggiano.

Abbiamo cercato di dare concretezza a sogni e desideri, lo abbiamo fatto raccogliendo le testimonianze più particolari e suggerendo un percorso da seguire per ridurre al minimo i rischi di insuccesso. Troverete quindi consigli pratici che vi aiuteranno a scegliere il luogo ideale dove iniziare una nuova vita, avvertimenti sugli errori da evitare, idee e siti utili per avviare un'impresa o trovare lavoro nei Paesi che offrono le migliori opportunità e un'alta qualità di vita.

Il destino è però un ambito molto intimo, del tutto personale. Impossibile gestirlo del tutto con consigli pratici e testimonianze di incoraggiamento. A volte accade qualcosa che può incoraggiare un'idea ancora timida, svegliare un desiderio nascosto, incoraggiare un pensiero un po' folle. Ci piacerebbe che questo libro fosse la scintilla che mette in moto i vostri sogni e che aiuta a rendere concreti i vostri desideri.

PARTE PRIMA

Psicologia del cambiamento

L'inizio del viaggio

Questo libro, che non è una guida turistica, né un saggio sulla capacità umana di cambiare o di creare il proprio destino, nasce con l'idea e la presunzione di diventare uno strumento da mettere nella propria cassetta degli attrezzi e da utilizzare alla bisogna. In questa prima parte parleremo di grandi cambiamenti, analizzandoli sia da un punto di vista più teorico, sia esplorando le motivazioni personali, culturali e sociali che inducono alcune persone a modificare in modo importante la propria vita e a prendere quotidianamente decisioni che, una dopo l'altra, costruiscono e modellano un futuro diverso. L'idea ambiziosa che ci proponiamo è quella di illustrare, nel modo più semplice e lineare possibile, qual è il percorso che si materializza nell'intimo delle persone a partire dal momento in cui inizia a manifestarsi il bisogno, talvolta latente altre volte più rilevante, di cambiare se stessi, fino a trasformare quello che inizialmente è solo un impulso, in una serie di obiettivi, decisioni e finalmente cambiamenti concreti e duraturi. Ci stiamo riferendo, insomma, a tutto ciò che avviene prima della fatidica decisione di fare le proprie valige, stipare due tre pacchi di effetti personali ai quali non siamo disposti a rinunciare e mettersi in viaggio con l'idea di cambiare vita. Se da un lato è infatti vero che, grazie al presidio aereo delle compagnie low cost, è diventato più facile girare il mondo e che, grazie a internet, è possibile reperire in pochi minuti una moltitudine di informazioni sui luoghi che vogliamo visitare, è altrettanto vero che partire per cambiare vita e trasferirsi in un altro Paese, magari in un altro continente e, talvolta, in un altro emisfero, non è un'esperienza che chiunque possa pianificare, realizzare e soprattutto vivere in modo facile. Tutti possono pronunciare l'ormai inflazionata frase "voglio cambiare vita", tre parole semplici, che spesso nascondono, però, implicazioni, bisogni e necessità vissute in modo molto intenso, ma difficili da decodificare con la chiarezza necessaria per essere tradotte in un obiettivo. Molti di noi si sono trovati, in momenti particolarmente difficili e complicati della propria vita, a desiderare con forza e intensità di lasciare tutto e partire. Spesso alcune emozioni negative, come delusione, frustrazione, tristezza, senso di inadeguatezza, solitudine forzano a immaginare una vita diversa, una fuga e una ripartenza, un colpo di spugna che rimetta ordine nella nostra confusa lavagna mentale.

Può essere interessante iniziare il nostro viaggio di cambiamento incontrando Giulia, una donna apparentemente speciale. Una di quelle che saltano da un consiglio di amministrazione all'altro, una di quelle con la valigia sempre pronta in ufficio perché non si sa mai. Una di quelle continuamente in movimento, con le *vip lounge* degli aeroporti come unici punti di riferimento. Una donna, come tante: separata, madre di un figlio appena sbarcato nella meravigliosa, ma complicata, età dell'adolescenza. Una di quelle, insomma, con il conto in banca alto e il morale sotto i tacchi. Con l'indice del suo status sociale in perenne rialzo e il senso di realizzazione in costante picchiata. "Voglio cambiar vita" era il suo pensiero più ricorrente quando, a fatica, riusciva a distrarsi da marketing, strategie, clienti e profitti. Fantasticava di vivere su bianche spiagge, trascorrendo il suo tempo sdraiata al sole o immersa in acque cristalline. Immaginava traversate in barca a vela che durassero più delle due settimane che solitamente riusciva a ritagliare per sé durante l'estate, senza comunque mai separarsi dal suo notebook. Insomma, quello che sognava e che credeva di desiderare era una vita da eterna turista: chi di voi farebbe fatica a immedesimarsi e a condividere quel suo stato d'animo? A chi non piacerebbe fare il turista tutta la vita? Ma è davvero questo ciò che le persone desiderano quando sostengono di voler cambiare vita?

Arriveremo a rispondere a questa domanda a tempo debito, ma, chi fosse curioso di sapere come sia finita la storia di Giulia, sappia che è riuscita davvero a cambiare la sua vita. Chi se la immagina a passeggiare sulla sabbia finissima di un Paese esotico, con il vento che le scompiglia con dolcezza i lunghi capelli, mentre il sole tramonta tiepido dietro un orizzonte che per lei è finalmente pieno e realizzato, resterà forse deluso nello scoprire che Giulia si alza presto tutte le mattine per andare in ufficio, guadagna meno di un terzo rispetto al precedente lavoro e continua a vivere nella stessa città in cui ha sempre vissuto: Milano. Non nella stessa casa, però. Non potendosela più permettere, ne ha scelta una più modesta, ma che sente come più adatta a lei e alle sue nuove esigenze. Una casa in cui, nonostante le dimensioni ridotte, un posto per ospitare sia i pochi veri amici che ha deciso di conservare della sua vita precedente, sia tutti quelli nuovi che, giorno dopo giorno si raccolgono intorno a lei, si trova sempre. Giulia ora lavora per un'organizzazione no profit della quale condivide obiettivi, valori e ideali. Il suo livello di inquadramento professionale è di poco superiore a quello di una semplice impiegata, ma si sente parte di un progetto molto più di quanto si fosse mai sentita precedentemente, pur ricoprendo un prestigioso ruolo. Soprattutto è felice, essendo veramente riuscita a comprendere cosa distingua il "voglio vivere così" dal "vivo come voglio". È proprio durante questo passaggio che Giulia ha fatto anche un'altra scoperta illuminante: il cambiamento non è un punto di arrivo, un luogo o uno stato mentale, ma un percorso. Nel momento in cui ci si sente arrivati è già tempo di ricominciare il viaggio.

Tutto cambia. E noi?

Se ci pensate bene il cambiamento è qualcosa che fa parte della vita di tutti. Conoscete qualcuno che non ne abbia mai affrontato uno? Voi siete sempre rimasti gli stessi?

Il cambiamento, che lo si voglia o no, è qualcosa da cui non si può prescindere. Da quando si nasce si continua a cambiare ogni giorno, fino alla fine. Non abbiamo volutamente usato il verbo evolvere perché è solo il modo in cui ci si relaziona al cambiamento che lo può trasformare in evoluzione.

Ci sono passaggi quasi obbligati nella vita di ogni essere umano che ci si pongono davanti, naturali e inevitabili, quasi solo per il fatto di essere venuti al mondo: ognuno di noi sa che, presto o tardi dovrà lasciare la propria famiglia, trovare un modo per sostentarsi, scegliere dove e come vivere, se da solo o con uno o più compagni di vita. Ognuno di noi sa che, comunque vada, ci sarà, prima o poi per tutti, un momento in cui tutto si chiuderà, senza scuse o prove d'appello. È esclusivamente quello il momento in cui si smetterà forzatamente e definitivamente di cambiare. Per sempre. Questa, in apparenza, macabra considerazione serve per ribadire, anche ai più scettici, che è impossibile sfuggire a tutte quelle situazioni che, ogni giorno, ci spingono a mutare. Cambiamenti, piccoli o grandi, ai quali non possiamo sottrarci e le cui conseguenze, positive o negative che siano, hanno effetti sulla nostra vita. La terribile crisi economica globale che stiamo affrontando è solo l'ultimo e più lampante esempio di qualcosa che ci obbliga e ci obbligherà a trasformare la nostra vita e noi stessi, anche intimamente, anche se non vogliamo, anche se non l'abbiamo scelto. Usciremo da questa situazione profondamente modificati, tutti, anche i meno propensi ai rinnovamenti e coloro che ne farebbero volentieri a meno.

Il cambiamento è, dunque, inevitabile. Una volta capito e interiorizzato questo concetto, tutti abbiamo la possibilità di decidere da che parte stare, se scegliere in autonomia di *evolvere* in modo consapevole e ragionato o se *farsi cambiare* dagli eventi, dalle circostanze e dalle decisioni che altri prendono per noi.

Cambiare o farsi cambiare

Ogni persona ha la facoltà di determinare in autonomia la propria personalità, i propri comportamenti, le abitudini, gli stati d'animo e gli stili di vita oppure può adeguarsi e lasciarsi modellare da tutti quei fattori che indirettamente, e talvolta subdolamente, vengono imposti dall'esterno.

Una cosa però è certa: se decidete di stare fermi illudendovi di rimanere così uguali a voi stessi, allora qualcuno sta conducendo la vostra vita al posto vostro. Cambierete comunque, ogni giorno, ma nel modo deciso da altri. E non ci riferiamo necessariamente al sistema capitalistico delle multinazionali e della globalizzazione. Tutte le persone che ci circondano, anche gli amici, il partner, le famiglie influenzano le nostre decisioni. Spesso in buona fede, ma comunque forzandoci.

Nelle pagine successive e fino alla fine di questo libro, verranno presentate e raccontate le esperienze di molte persone che hanno deciso di cambiare la propria vita scegliendo, per realizzarsi, di abbandonare l'Italia per costruire, e spesso inventarsi, attività, situazioni, occasioni per stare meglio e vivere un'esistenza più soddisfacente, se non addirittura perfetta. Abbiamo scelto di inserire in apertura la storia di Giulia perché ci aiuta ad addentrarci nella prima parte di questo viaggio, in cui parleremo di cambiamenti, soprattutto interiori; perché, se c'è un tratto comune tra la sua storia e quelle che vivremo in seguito, è il percorso di estrema consapevolezza che ha portato tutti i protagonisti a scoprire cosa desiderare davvero per la propria vita e a orientare tutte le proprie decisioni e cambiamenti in quella direzione. Alcuni di voi conosceranno forse già l'espressione anglosassone *inside-out*: con essa si fa riferimento ai cambiamenti più produttivi, duraturi, quelli che realmente corrispondono a una svolta, che nascono e si concretizzano dentro le persone (inside) per poi manifestarsi all'esterno (out) tramite comportamenti, decisioni e azioni concrete.

Chi conosce la legge di attrazione – alla quale si può credere o meno – sa che l'essere umano vive simultaneamente in due mondi diversi: quello esterno, fatto di situazioni e accadimenti e quello interno, intimo personale, fatto di sensazioni, emozioni e pensieri. Siamo portati a pensare che sia il mondo esterno, cioè le cose che ci accadono tutti i giorni, a condizionare e influenzare il nostro mondo interno, cioè ciò che proviamo, in una sorta di *reazione* verso ciò che ci accade. Questo significa esattamente farsi cambiare.

Inside-out, invece, vuol dire esattamente il contrario,

cioè guidare il cambiamento, definire con precisione, disciplina, rigore e creatività il proprio mondo interno così da condizionare e, in qualche modo, creare il mondo esterno. È la volontà che cambia la realtà. Possiamo crederci o meno, ma tutte le storie che presentiamo, quella di Giulia inclusa, raccontano di una chiarezza di pensieri ed emozioni circa ciò che si vuole, che si traducono in opportunità, decisioni e situazioni tali da rendere realizzabile il cambiamento auspicato.

Si tratta, in pratica, di tradurre il motto "voglio vivere così" in una lingua diversa, meno generica e più aderente a ciò che le persone sono nella loro speciale individualità. Si parte dalla chiarezza di come si vuole essere, per arrivare a vivere così.

La ricetta giusta

Se esistesse una ricetta buona per tutti per rivoluzionare la propria vita e scappare in Brasile, Thailandia, Norvegia, Kenia, Minorca, Canada, Nuova Zelanda, Australia o in altri meravigliosi luoghi, se ci fosse quella ricetta, dunque, qualcuno l'avrebbe già pubblicata, qualcuno si sarebbe arricchito con essa e basterebbe seguirla alla lettera per riuscire a partire domani stesso verso quei lidi di quiete dell'anima. Vi siete mai chiesti perché esistono persone che non riescono a cucinare nulla di decente nemmeno seguendo passo per passo una ricetta?

La risposta è che, per raggiungere il successo, ovvero per riuscire negli obiettivi che ci si prefigge, non basta seguire i consigli degli esperti, di chi ha già fatto molte volte e con successo ciò in cui voi vi state cimentando per la prima volta. Certo è importante e spesso imprescindibile avere riferimenti da seguire, modelli a cui ispirarsi e da cui prendere spunti utili a evitare gli errori più grossolani che qualcuno ha già commesso prima di noi. Non si tratta di essere avvoltoi, ma di mettere in comunione esperienze, perciò non sentitevi in colpa.

In questo libro incontrerete tante persone che, avendo già compiuto il grande salto, metteranno a vostra disposizione consigli utili e nozioni indispensabili per affrontare nel modo meno traumatico possibile e con successo il vostro viaggio. C'è un ingrediente essenziale, però, che nessuna ricetta di cucina elenca mai, valido ai fornelli tanto quanto in ogni attività umana. Lo riconoscerete in tutte le storie che racconteremo, lo respirerete, perché questo è davvero ciò che può far la differenza tra la delusione per un cambiamento auspicato, ma mai realizzato, e una vita finalmente come la si vuole. Questo additivo magico si chiama *motivazione*.

Pochi riescono davvero a riconoscere il potere della motivazione e la sua importanza: le persone di cui vi narreremo le esperienze, vi diranno che serve determinazione e passione, che bisogna credere ciecamente in ciò che si fa senza lasciarsi scoraggiare dai mancati risultati.

Credo che ognuno di noi, almeno una volta nella vita, abbia desiderato in modo intenso, quasi morboso, qualcosa. Non per forza la fuga dal proprio Paese, magari la nascita di una storia d'amore importante, una svolta lavorativa, il voler diventare genitori o cose più materiali come un'auto sportiva o un oggetto di marca. Vi siete mai chiesti da dove arrivino l'impulso di ambire a qualcosa e il disagio di non riuscire a possederlo? Cercheremo qui di spiegarlo.

Abbiamo già detto che affermare di voler cambiare vita corrisponde a un'esternazione che non dice nulla, non esprime propositi, obiettivi, niente altro che l'evidente insoddisfazione per uno stato delle cose che non è come lo si vuole. E nemmeno si aggiunge qualcosa quando si manifesta tout court la volontà di andare via dall'Italia. Anche in questo caso a emergere è solo il desiderio di stravolgere tutto, più per insoddisfazione o delusione, che sulla base di un progetto chiaro di ciò che si vuole raggiungere e perché. Questo è un passaggio cruciale in tema di grandi cambiamenti: non si deve commettere l'errore di ragionare e concentrare le proprie energie mentali su ciò che si vuole *smettere* di fare, su dove *non* si vuole più vivere, lavorare, con chi *non* si vuole più stare, ma invece definire, chiarire, dettagliare, esprimere, certificare senza dubbi dove si vuole andare, la direzione da far prendere alla propria vita. Se manca questa chiarezza il grande cambiamento che molti hanno in animo resterà un'intenzione espressa solo come desiderio di fuga da qualcosa. Ciò che può aiutare in questo delicato passaggio è proprio la comprensione della motivazione profonda nascosta dietro la percezione dell'impulso immediato al mutamento.

Ragioneremo, dunque, sui moventi, cercando di individuare quali sono le spinte più forti e gli ostacoli più duri che si incontrano durante il percorso verso il cambiamento.

Ancora una volta ci viene in aiuto Giulia con la sua storia. Scoprendo le sue vere motivazioni, i suoi valori e ideali, riuscendo a distinguerli da quelli indotti, è riuscita a progettare e realizzare il suo viaggio, a raggiungere la sua destinazione. Un itinerario che fisicamente l'ha spostata solo di qualche centinaio di metri, ma che interiormente è paragonabile ad altre storie che troverete di seguito.

Dunque, se state leggendo questo libro nella sala d'attesa di un aeroporto, aspettando di salire sul volo più importante della vostra vita, un volo che vi porterà nel luogo eletto a vostra nuova casa per i prossimi anni, è probabile che questo affascinante percorso di consapevolezza lo abbiate già fatto e che abbiate già scoperto cosa significhi cambiare davvero e come superare tutto ciò che ci impedisce di evolvere. Quindi, se questo è il vostro caso, saltate senza sensi di colpa questa prima parte e godetevi le storie di chi vi ha semplicemente anticipato. Cercate i consigli più utili per voi e in bocca al lupo. Aspettateci, perché verremo a trovarvi una volta che vi sarete stabiliti. Tutti gli altri, quelli che magari stanno leggendo queste pagine durante la pausa pranzo di un poco soddisfacente lavoro o prima di addormentarsi, sperando di sognarsi felici in un Paese esotico, o coloro i quali siano mossi soltanto dalla curiosità di conoscere cosa spinge alcune persone a cercare la propria strada così lontano dai posti in cui il destino ha stabilito le loro radici, e cosa le porti a prendere decisioni tanto estreme da risultare a volte incomprensibili, potrebbero trovare, anche in questa prima parte, gli spunti per trasformare quelle che al momento sono solamente buone *intenzioni* in solide *motivazioni* per decidere di *cambiare*.

Motivazione

L'aspetto più importante quando si parla di cambiamenti radicali è, come già accennato, la motivazione. Spesso se ne sente parlare come di qualcosa di magico, di astratto. Sentiamo incitamenti alla motivazione quasi quotidianamente, da allenatori e atleti, da manager che non sanno come poter ottenere il meglio dai propri collaboratori – ignorando, forse, il fatto che il meglio non si ottiene, ma viene donato con generosità dalle persone quando a muoverle è la passione, l'entusiasmo e il coinvolgimento – e da chiunque si occupi di sviluppo personale o psicologia. La vera chiave di volta sta nella scomposizione della parola stessa, *motiv-azione*, cioè il motivo per cui le persone agiscono. Tradotto: se una persona sa cosa vuole davvero e il perché, è più facile passare all'azione e trovare come agire concretamente per raggiungere le proprie mete. Sono infinite le cause che spingono le persone a comportarsi in una certa maniera o a prendere delle decisioni in ogni istante della loro vita, ma tutte rispondono e sono riconducibili a sei bisogni fondamentali che richiedono di essere soddisfatti tramite azioni.

L'immagine che segue può aiutare nella spiegazione:

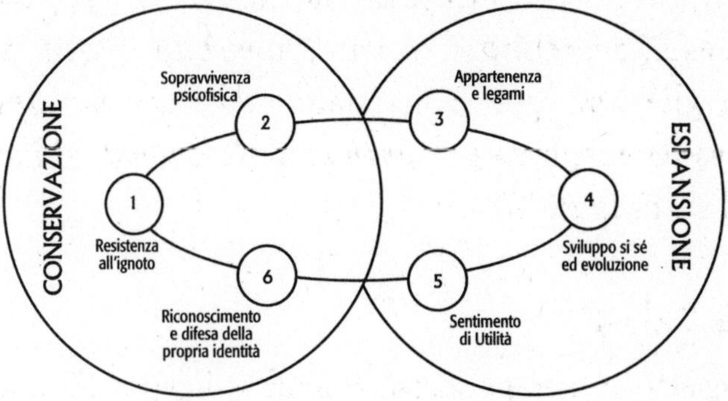

Ogni individuo è mosso, cioè motivato, da uno o più degli agenti motivazionali elencati. Senza entrare troppo nel dettaglio analizziamoli rapidamente, con l'ottica di capire come questi agenti influenzino le decisioni e le azioni in tema di cambiamento.

Resistenza all'ignoto. Le persone motivate da questo agente tendono a essere conservative, a reagire in modo difensivo dinanzi ai cambiamenti imposti e a prendere decisioni solo quando si sentono certi degli effetti e delle conseguenze delle loro decisioni. Queste vivono l'ignoto come una minaccia e solo di rado come un'opportunità. La persona resistente all'ignoto è abitudinaria, vive di scadenze e appuntamenti fissi, è restia alle novità e si pone spesso in maniera difensiva quando qualcuno cerca di proporre o imporre un elemento considerato disturbante della loro routine. Inoltre vivono di certezze che non mettono in discussione volentieri. La resistenza all'ignoto è uno dei più grandi ostacoli che si oppongono al cambiamento e verrà approfondita in seguito parlando della famosa zona di confort.

Le persone che sono motivate dalla **sopravvivenza psicofisica** scelgono i propri comportamenti facendo attenzione a non mettere a rischio la propria incolumità, sia essa fisica o psicologica. Evitano situazioni pericolose o che possono portare a potenziali momenti di disagio, dolore e sofferenza. Questo tipo di personalità ha il forte bisogno di sentirsi protetto e accudito: vive la necessità di avere sicurezze economiche, un tetto sulla testa e tutto ciò che è necessario per stare bene. Anche questo agente può risultare un grande ostacolo al cambiamento, dato che spesso cambiare significa rinunciare a qualcosa e abbandonare certezze. Ricordate Giulia? La sua esperienza dimostra come in alcuni casi si debba accettare una vita meno agiata, magari rinunciando alla maggior parte del proprio stipendio o a una bella casa, prima di trovare un nuovo e più soddisfacente equilibrio.

Il **senso di appartenenza e la necessità di legami sociali** sono agenti che spingono le persone a circondarsi di gente. Si sente la necessità di appartenere a qualcosa: un club, un circolo velico, l'associazione di volontariato della parrocchia, il branco di teppistelli di cui faceva parte Fonzie all'inizio della fortunata serie *Happy Days*. Insomma, queste persone temono la solitudine, il senso di abbandono, la critica, il disagio di agire da soli contro l'opinione pubblica. Talvolta rinunciano a manifestare parte della propria identità sacrificandola al voler piacere e sentirsi parte di un gruppo. Facile, da queste considerazioni, capire come questo agente possa ostacolare i cambiamenti. La società, la famiglia, gli amici creano condizionamenti e condizioni che impongono di uniformarsi ai modelli sociali ai quali solo le persone davvero determinate a cambiare riescono a sfuggire.

D'altro canto, invece, il pensiero di poter *appartenere* alla stretta cerchia di coloro che sono riusciti a cambiare la propria vita potrebbe essere una forte spinta per riuscirci, non credete?

Lo sviluppo di sé e la propria evoluzione è il bisogno principale delle persone che riescono a realizzare grandi trasformazioni. Coloro i quali vivono questo agente motivazionale sono curiosi, costantemente interessati a cose nuove, valutano con favore gli imprevisti e sono propensi a cambiare. Attenzione, però, a cambiare, non a farsi cambiare. Per queste persone i punti di riferimento sono interni: i valori, gli ideali, lo sviluppo intellettivo e quello fisico. Per queste persone, davvero la vita diventa il banco di prova per sperimentare tutte le esperienze come momenti di evoluzione. Queste persone sono costantemente orientate al miglioramento delle proprie capacità e competenze. Inutile dire che la maggior parte delle persone che incontrerete nel seguito del libro sono mosse da questo agente.

Per **sentimento di utilità** intendiamo quel bisogno insito in alcune persone di contribuire a cause, grandi e piccole, che coinvolgono gli altri. Queste persone si preoccupano che il loro passaggio terreno abbia prodotto una qualche utilità al mondo: sono mosse dal desiderio di aiutare il prossimo, di lenire le sofferenze altrui, di contribuire a un mondo migliore. Tutto ciò, spesso, viene anteposto anche al proprio benessere. Avete in mente qualche nome? Troppo facile, ma è doveroso citare Gandhi, Martin Luther King e Madre Teresa di Calcutta, solo per restare nella contemporaneità. Per questo tipo di persone il cambiamento è importante solo se ha impatti benefici sugli esseri umani e se persegue un ideale nobile.

L'ultimo agente che analizziamo è il bisogno di **costruire e difendere la propria individualità.** Le persone mosse da questo agente hanno la necessità di essere riconosciute come uniche, di veder affermate quelle caratteristiche che le differenziano dalle altre persone. Sempre pronte a difendere le proprie idee, vivono in modo molto aderente ai propri valori, talvolta al limite dell'integralismo. In questo gruppo troviamo coloro si prefiggono lo scopo di emergere, di diventare noti e famosi. Capita che ciò li porti a preoccuparsi troppo del giudizio degli altri, a voler essere compresi e capiti. Il cambiamento per queste persone è ovviamente vissuto come elemento utile per evidenziare in modo netto la propria originalità, purché sia aderente ai propri ideali e faccia stare loro bene con se stessi.

Da questo breve *excursus* sulla motivazione si evince che se siamo in grado di capire cosa ci motiva nella vita, quali sono i nostri bisogni, possiamo fare leva su di essi per immaginare, progettare e concretizzare la svolta che abbiamo in animo. Possiamo, inoltre, riconoscere i fattori ostacolanti e mettere in atto strategie che ci aiutino a vincere.

Quanto scritto finora non esprime un giudizio o un voto su quali siano gli agenti motivanti migliori, quelli desiderabili o meno. Di conseguenza non è una valutazione su come le persone alimentino la propria motivazione tramite tali agenti. Non è una pagella del bravo studente. Quello che si vuole dire è che, in tema di cambiamento, ci sono persone che per predisposizione, personalità, attitudini, atteggiamenti e forma mentale sono più propense a cambiare, ad affrontare le nuove situazioni e le incognite, perché questo soddisfa un bisogno di evoluzione personale, sviluppo, di unicità e difesa di sé. Per altre persone, invece, la necessità di avere certezze, mantenere lo *status quo*, la volontà di dedicarsi agli altri più che alla propria individualità è più forte del bisogno di cambiare e di cercare qualcosa di stimolante anche laddove non si intraveda subito una direzione. Questi sono dati di fatto che ognuno di noi può osservare ogni giorno intorno a sé, constatando come esistano persone più orientate al rischio e all'imprevisto e altre più conservative, persone che si impegnano in cause in apparenza già perse, salvo poi riuscire a cambiare davvero il mondo, altre chiuse nella propria spiritualità e altre ancora che sentono l'obbligo personale di apparire ed essere riconosciuti.

Avere paura del grande salto

Quanto detto finora non significa però che una persona avversa all'ignoto non possa trovare proprio nel suo agente motivazionale la forza di cambiare e di farlo con successo.

Come? Supponete, per esempio che, per un motivo qualsiasi, una persona del genere decida di mollare tutto e partire con destinazione Messico per aprire una *posada*. Se il suo perché è abbastanza forte, il suo timore verso ciò che non conosce e che percepisce come non sicuro, lo porterà quasi di sicuro a programmare il suo cambiamento nei minimi dettagli allo scopo di soddisfare il proprio bisogno di ridurre al minimo l'incertezza della scelta. Questo tipo di percorso richiederà più tempo, ma se la motivazione e la determinazione sono forti, l'obiettivo sarà comunque raggiunto, anzi, raccogliendo una gran mole di informazioni e di consigli, si avranno le idee ancora più chiare circa gli errori da non fare, si saprà a chi rivolgersi e dove trovare supporto in caso di difficoltà. Allo scopo di ridurre al minimo l'ignoto e l'incertezza, ogni cosa sarà, dunque, predisposta in modo tale da funzionare, affinché non vi sia spazio per l'imprevisto, o almeno tale dovrà essere il convincimento: una persona così sarà dunque portata a muoversi solo dopo aver raggiunto un adeguato grado di sicurezza sul successo del suo progetto.

Questo tipo di percorso la porterà dunque, soprattutto durante la fase preparatoria, a misurarsi con così tanti dubbi e difficoltà. Ci saranno momenti in cui si lascerà tentare dal desiderio di cedere e abbandonare il progetto di rinascita, ma se il suo perché resisterà fermo e solido, allora il bisogno di dover analizzare così nel dettaglio ogni cosa costituirà una fonte di costanti scoperte che, anche a livello emotivo, le daranno la chiarezza di volere o meno perseguire quel tipo di scelta.

In pratica, se mai si muoverà (o meglio *quando* si muoverà), le sue probabilità di successo saranno altissime, perché avrà già previsto dettagliatamente le diverse situazioni che potrebbe incontrare e dunque anche come minimizzarne gli effetti di incertezza. L'ignoto e il timore per esso diventa noto e così la paura è svanita.

Come si vede, in questo caso, un agente che apparentemente poteva sembrare ostacolante, è invece servito per far prendere al nostro aspirante emigrante la decisione per lui più giusta dopo aver valutato davvero ogni aspetto.

Viceversa, una persona maggiormente orientata al rischio e all'imprevisto, potrebbe prendere decisioni in modo più superficiale, aumentando così le possibilità di doversi scontrare con situazioni di difficoltà non preventivate. Allo stesso tempo, però, una persona così avrebbe anche la predisposizione mentale più adatta per reagire e addomesticare eventuali imprevisti.

Speriamo che ora sia chiaro come le nostre esperienze pregresse, i nostri agenti motivazionali, la nostra personalità e le abitudini possano essere, in partenza, più o meno favorevoli al cambiamento, ma la responsabilità finale rimanga sempre la nostra: come esseri umani dotati di libero arbitrio possiamo decidere se la paura, i timori nel metterci in gioco e tutte le altre emozioni avverse siano fattori immobilizzanti o diventino stimoli supplementari per muoverci comunque verso i nostri obiettivi in maniera più consapevole e responsabile. In una parola: più produttiva.

Esercizio motivazionale

Riflettete con calma e cercate di dare una risposta onesta, mettendola nero su bianco.

- ❑ Cosa vi motiva nella vita?
- ❑ Cosa vi crea entusiasmo e felicità?
- ❑ Quale dei sei agenti che abbiamo descritto sentite essere più forte in voi?
- ❑ Sentite che i vostri agenti motivazionali principali siano stati uno stimolo o un freno nella vostra vita?
- ❑ Come potete riconsiderare un agente motivazionale o un'emozione avversa (paura, delusione, senso di inadeguatezza, frustrazione) in modo che essa diventi un traino verso il vostro obiettivo?

Sia che abbiate in animo un grande cambiamento di vita, qualunque cosa significhi per voi, sia che stiate cercando di introdurre cambiamenti più piccoli, ma altrettanto importanti, sia che non abbiate assolutamente in cuore di cambiare alcunché, vi invito a rispondere alle domande proposte poco sopra. Fatelo ora, prima di proseguire nella lettura. È un esercizio che vi richiederà solo pochi minuti, ma che potrebbe farvi scoprire qualcosa di più sul funzionamento del vostro cervello, oltre che farvi comprendere come davvero il motto "trasforma i problemi in opportunità" non sia solo un inflazionato concetto da pensiero positivo superficiale o un banale *claim* da vocabolario di marketing.

Chi ha familiarità con temi di sviluppo personale avrà sentito spesso parlare di convinzioni limitanti.

Ne parliamo brevemente ora perché spesso avere chiaro l'obiettivo ed essere molto motivati, può non bastare per riuscire a raggiungere il traguardo.

Forse vi sarà capitato di vedere certi atleti prepararsi alla corsa con uno speciale paracadute attaccato alle spalle allo scopo di aumentare la resistenza all'aria e produrre un maggior sforzo, così da aumentare l'effetto allenante.

Bene, le convinzioni limitanti sono come quel paracadute. Voi spingete con forza verso i vostri traguardi, siete energici e motivati, trascinate tutto e tutti, ma quel maledetto paracadute vi costa fatica, vi fa disperdere energie, vi rallenta.

Per andare più spediti dovete tagliare i lacci del paracadute. Lo slancio di cui beneficerete avrà un effetto straordinario, comincerete ad andare veloci come non mai.

Ma cosa sono allora queste credenze limitanti? Partiamo dalla teoria. «Le credenze sono sensazioni di certezza su qualcosa», (Anthony Robbins, *Come migliorare il proprio stato mentale, fisico, finanziario*, tascabili Bompiani), e che per noi sono valide in assoluto. Essendo radicate così profondamente in noi, esse non vengono mai messe in discussione, le diamo per scontate.

Le credenze limitanti sono dunque tutte quelle convinzioni che ci ostacolano nel raggiungere i nostri obiettivi. Parleremo in seguito di una delle più diffuse, quella secondo la quale per cambiare vita si debba avere denaro. Proveremo a demolirla, ma per adesso rimaniamo più sul generico.

Prima di tutto dobbiamo essere in grado di riconoscere una convinzione ogni volta che la vediamo. È facile: tutte le volte che diamo per scontato qualcosa, che ci esprimiamo in modo assolutistico, che non vogliamo nemmeno considerare l'idea di discutere qualcosa, ecco forse stiamo affrontando una convinzione. Se sia limitante o potenziante lo riconosceremo da soli valutando quanto quella ostacoli o favorisca la nostra ricerca di benessere.

Eccone alcuni esempi, tra gli altri: sono troppo vecchio; non ho abbastanza soldi; il mondo è pieno di opportunità; non conosco nessuno; sono il migliore nel mio campo; quelli come me non ce la faranno mai; non sono abbastanza coraggioso; posso fare tutto nella mia vita; se non rubi non puoi farcela; sono sempre i più furbi a vincere.

Vi siete riconosciuti in qualcuna di queste?
Vi sta ostacolando o vi aiuta?

Le convinzioni, come detto, sono fondamentali in quanto vengono vissute come qualcosa di assoluto e di non modificabile. Quindi, se vi convincete di non avere determinate caratteristiche per raggiungere un obiettivo, smetterete di inseguirlo e lo abbandonerete. Di più: le convinzioni si autoalimentano, diventano più forti, ogni volta che osservate qualcosa che le accertino. Il punto è che spesso la vostra attenzione si sofferma solo sugli aspetti che le confermano e quasi mai su quelli che le smentiscono. Se pensate di essere troppo vecchi per fare determinate cose, tenderete inconsciamente a osservare *solo e sempre* esempi di persone che hanno la vostra età e che non riescono a realizzare ciò che anche voi avete in mente. Ignorerete però tutti gli altri casi in cui ciò è smentito dai fatti. Semplicemente, non li vedete e non per malafede, ma perché il cervello umano funziona così, ha bisogno di conferme continue a proposito di cose in cui già crede. Si chiama attenzione selettiva ed è un meccanismo spesso involontario. L'esempio più classico e abusato è quello dell'acquisto di un'auto nuova. Nel momento in cui vi siete orientati su un modello particolare, non è forse vero che iniziate a notare la vostra nuova macchina ovunque in giro per la città e sulle pubblicità? Sembra che, per magia, ve ne siano in giro moltissime, ma niente è cambiato rispetto al giorno precedente, solo la vostra attenzione è ora più selettiva.

Le convinzioni, fortunatamente si possono cambiare e modificare. Con qualche piccolo accorgimento che, da quanto detto, potrebbe già apparirvi chiaro.

Con il prossimo esercizio scopriremo le vostre convinzioni limitanti e proveremo così a tagliare i lacci del paracadute che vi rallentano nella vostra corsa.

Esercizio sulle convinzioni:

Questo esercizio richiede circa trenta minuti di tempo.

- ❑ Mettetevi in un posto dove non possiate essere disturbati. Ricordate di essere onesti e sinceri. Quando si gioca con se stessi sarebbe bello non imbrogliare. Non siete quelli a cui piace vincere facile, vero?

- Scegliete un obiettivo che vorreste realizzare nella vostra vita, ma che ancora non siete riusciti a raggiungere. Consigliamo di partire da qualcosa di abbordabile: non approcciate ora il cambio di vita radicale che avete in mente. Qui stiamo solo facendo allenamento e come per tutti gli sport si parte con piccoli carichi. Quante più credenze riuscirete a eliminare in tempi rapidi e quanti più obiettivi riuscirete a raggiungere, tanto prima potrete realizzare il vostro cambio di vita.

- Scrivete due liste, una per le convinzioni che per voi sono limitanti e che vi hanno oggettivamente ostacolato nel raggiungimento dell'obiettivo scelto, l'altra per quelle che invece sono potenzianti e vi danno una spinta per ottenerlo. Se dedicate all'esercizio la giusta concentrazione creerete due liste abbastanza lunghe. Ci sono moltissime convinzioni nella vostra mente che si sono radicate in modi diversi fin dai vostri primi giorni di vita. Stabilite, dunque, quali vi danno energia e quali invece fungono da paracadute frenante.

- Quando avete finito di stilare le liste, dedicatevi a quella delle convinzioni limitanti: scegliete le cinque che sentite vi stiano limitando di più. Per ognuna di esse pensate e scrivete in che modo vi stanno limitando, che effetto stanno avendo sulla vostra vita e sul vostro futuro. Scrivete cosa comporterebbe rimanere ancorati a esse e poi sforzatevi di trovare esempi che le smentiscano. Dovete riuscire a insinuare il dubbio che queste credenze non siano vere. Se cercate con attenzione troverete prove ed esempi che appartengono alla vostra sfera personale e che faranno traballare, anche vistosamente, il vostro castello di certezze. In alternativa potete considerare comunque situazioni che non sono capitate direttamente a voi, ma che in qualche modo mettano in discussione le vostre credenze limitanti. Trovate e analizzate con onestà esempi che vi facciano dire che ciò in cui credevate non è assoluto, ma molto soggettivo. In questo modo, evidenziando come le vostre credenze possano essere contraddette e, dunque, vacillare, avrete già fatto un grande passo avanti.

- Ogni convinzione limitante che avete trovato e che volete demolire deve essere sostituita con una con vinzione potenziante. Dovete trovare credenze che riescano a darvi energia e motivazione, spinta verso l'obiettivo, che fungano da motore. Immaginate di togliervi il paracadute, salire su uno scooter e partire a tutto gas verso il vostro scopo. Non sarebbe deci samente meglio? Per ogni convinzione alternativa che trovate, cercate esempi che la confermino e la rinforzino. Anche qui potete trovare situazioni che vi sono capitate direttamente o prendere riferimenti esterni, ma che siano eclatanti. Ricordate cosa abbia mo detto: per consolidare una credenza è necessario osservare il maggior numero di riferimenti ed esempi che la confermino. In seguito, questo diventerà automatico con l'attenzione selettiva, ma per ora dovete essere voi a nutrire le vostre convinzioni potenzianti.

- ❑ La lista delle convinzioni potenzianti che avete scritto e completato con il passo precedente costituisce il vostro tesoro. Quelle sono le credenze che vi sostengono e vi spingono. Cercate di rinforzarle ogni giorno e di alimentarle in continuazione. Come? Ormai lo sapete, semplicemente soffermandovi a riconoscerle in tutti gli eventi e le situazioni in cui ve ne sia traccia. Rimarrete stupiti da quante sono le cose intorno a voi utili a potenziarle e a renderle vere al di sopra di qualunque dubbio. Ogni tanto tornate sulla vostra lista potenziante, rileggetela, aggiornatela e vivetela. Non dimenticate di mettere benzina nel vostro scooter.

Fino a qui quello che ci dice la teoria. C'è, però, un altro fattore che dobbiamo considerare come motore per i grandi cambiamenti. Ne abbiamo già accennato all'inizio e ora è giunto il momento di guardarsi negli occhi e dirselo con onestà e franchezza: spesso lasciare il Paese d'origine e partire, o lasciare un lavoro, o cambiare una casa o un partner non è il frutto di una scelta ragionata e motivata dai nostri bisogni, dai nostri obiettivi e da ciò per cui vogliamo vivere, ma non è altro che una fuga.

Scelta o fuga

Il dilemma scelta o fuga contrappone quelli che sono gli impulsi più forti che portano le persone a decidere di intraprendere grandi cambiamenti. Essi sono, in fondo, la sintesi di tutti gli agenti motivazionali visti in precedenza, i due più grandi motori all'agire umano, specie quando l'azione da intraprendere è importante e rivoluzionaria. Più intensamente si vivono le situazioni e più scelta e fuga sono determinanti per le decisioni da prendere.

La fuga

Ogni persona prova, prima o dopo nell'arco della sua vita, la sensazione che il proprio livello di tolleranza e di sopportazione nei confronti di una determinata situazione abbia passato il limite di guardia. Parliamo di un lavoro che non ci soddisfa più, né economicamente né dal punto di vista dei contenuti o di relazioni che ci tolgono energia anziché produrne, ma possiamo riferirci anche a specifici comportamenti delle persone che ci circondano. Ogni qualvolta la nostra sopportazione oltrepassa questo limite si innesca un meccanismo che ci porta a reagire. Il limite, la soglia, sono ovviamente soggettivi, diversi da individuo a individuo. Ci capita spesso, infatti, di chiederci come possa una persona sopportare una data situazione che a noi provocherebbe, invece, violente reazioni.

Per quanto possa essere alto, o basso, il livello individuale della soglia di tolleranza e per quanto soggettivo possa essere, il suo superamento diventa per tutti il fattore scatenante di una reazione, spesso diventa un punto di non ritorno.

Il concetto di *reazione* diventa qui fondamentale per meglio capire la differenza tra la scelta e la fuga.

Lo statunitense Stephen Covey, uno dei più grandi esperti di sviluppo personale, nel suo bestseller, *Le sette regole per avere successo*, propone uno studio dei modelli comportamentali basato proprio sui concetti di reazione e pro-azione. Senza entrare troppo nel dettaglio e lasciando a voi lettori la facoltà di approfondire il tema, il modello di comportamento basato sulla reazione implica che le persone mettano in atto determinati comportamenti come “reazione” a fronte di un determinato stimolo. Se lo stimolo si ripete ed è sempre lo stesso, le reazioni rischiano di essere sempre identiche (leggete a tal proposito, l’esperimento dei cani di Pavlov). È una dinamica che credo sia familiare a molti. Quanti di voi si ritrovano a urlare e sbraitare nei confronti sempre della stessa persona a fronte di un comportamento sempre identico?

Questo modello toglie alle persone il libero arbitrio nella scelta del proprio comportamento: quando questo è dettato e agito solo come reazione a quello di un’altra persona, significa che stiamo delegando ad altri il potere di decidere sulle nostre emozioni e sui nostri stati d’animo.

Reagire significa abdicare alle responsabilità. Per chi ama le parole, il termine responsabilità significa proprio essere *abili* a *rispondere* agli stimoli.

Estendendo il discorso a ciò che ci interessa, al concetto della fuga come motore di grandi cambiamenti, osserviamo che il malessere, il dolore, il disagio e la carica emotiva negativa che scaturisce quando viene passata la soglia di sopportazione, ci porta a reagire e a comportarci di conseguenza.

È fondamentale sapere che nel breve termine la fuga da situazioni dolorose o di disagio è davvero l'agente motivazionale più forte che esista. Qualunque persona, qualunque sia la sua personalità, il suo vissuto emozionale, a meno che non sia palesemente masochista, cerca di fuggire da situazioni di dolore o disagio. Ecco, dunque, che quando il livello di soglia viene superato, magari a causa di un lavoro che ci opprime o di un'esistenza che sembra non darci nulla e non avere senso, nasce forte e vivo il pensiero di mollare tutto e cambiare vita, nasce la tentazione di fuggire. Spesso, poi, quando il malessere monta fino a livelli insostenibili, tale tentazione può tradursi in azioni concrete. Da un certo punto di vista questo meccanismo potrebbe apparire favorevole, addirittura virtuoso, perché utile a smuovere persone che altrimenti starebbero ferme a crogiolarsi nelle proprie recriminazioni e insoddisfazioni.

Bisogna, però, fare attenzione, perché se tali azioni sono indotte solo ed esclusivamente dal desiderio di fuggire dal dolore, si corre il rischio di essere superficiali. Si corre il rischio, cioè, di non verificare con attenzione tutte le possibilità, tutti gli aspetti connessi alle scelte, si rischia di trascurare fattori importanti, come l'aspetto economico, e di imbarcarsi in imprese senza le necessarie competenze ed esperienze; di fare, come si dice, il passo più lungo della gamba. Questo solo per restare nell'ambito più strettamente pratico.

Ma c'è anche un aspetto emozionale che non va assolutamente sottovalutato. Quando si sceglie la fuga si è certi e sicuri di voler lasciare qualche cosa, di scappare dalla fonte del malessere, ma di rado si ha la chiarezza di ciò che si vuole davvero fare. La mancanza di questa chiarezza è ciò che può pregiudicare, sin dall'inizio, la buona riuscita di qualunque grande decisione. Banalizziamo il concetto: se una persona fosse stanca del proprio lavoro, non riuscisse più a sopportarlo, fosse arrivata alla soglia di sopportazione e anzi si trovasse già ben al di là di essa, cosa potrebbe succedere se si comportasse seguendo il modello della fuga?

Se questa persona concentrasse tutta la sua energia emotiva nell'incolpare il suo attuale impiego dell'origine del suo malessere, potrebbe essere portato a pensare che basti cambiare posto di lavoro per stare meglio. Inizierà, quindi, a cercare una nuova occupazione, facendo attenzione, solo allo stipendio, all'inquadramento, alla logistica della nuova posizione lavorativa senza porsi altre domande. È probabile anche che, per opportunità, la ricerca si concentrerà nello stesso settore di attività di quello precedente, perché è più facile avere i contatti giusti, perché ci si sente più sicuri, perché magari l'esperienza pregressa è riconosciuta in termini retributivi.

Quando a dominare è la fuga si accetterà il primo posto

di lavoro che apparirà migliore di quello attuale, capace di lenire in qualche misura il malessere che si sta vivendo.

Cosa pensate che accadrà? Semplice, come in ogni matrimonio di interesse, passati i primi mesi di superficiale passione, il malessere tornerà a presentarsi, più forte di prima, dando vita a una nuova situazione di disagio e consigliando un'altra fuga.

C'è un modo molto semplice per capire se qualcuno stia cercando di scappare da situazioni dolorose. Potrete riconoscere questo particolare malessere in frasi del tipo: «Non ne posso più. Voglio fare altro», oppure che esprimano obiettivi *al negativo,* come: «Devo smettere di...».

Questo modo di esprimersi indica la mancanza di idee chiare su cosa si voglia fare e di consapevolezza di cosa non vada e di ciò che ci rende insoddisfatti. Quindi, se sentite qualcuno fare affermazioni come quelle sopra riportate, è molto probabile che si trovi in un momento di difficoltà, il che non significa necessariamente essere pronti al grande cambiamento. Questo vale anche per voi stessi: provate ad ascoltarvi meglio. Chiedetevi cosa volete fare davvero, che strada prendereste se solo non aveste paura di fallire. Se vi darete risposte generiche o faticherete a darvene una, allora probabilmente dovrete prepararvi meglio al grande passo.

In sintesi, pensare che la propria insoddisfazione sia legata solo al luogo nel quale si vive, alla condizione sociopolitica del Paese, illudersi che basti cambiare casa, stato, continente per stare meglio, potrebbe alla fine trasformarsi in un boomerang e accrescere ancora di più il senso di smarrimento e di malcontento. Se si crede che sia l'ambiente che ci circonda o le persone con le quali interagiamo a farci stare male, si finisce per affidare ad agenti esterni il potere di renderci felici o meno. Si correrà così il rischio di cambiare vita, stato, lavoro, partner, per poi accorgersi che niente è cambiato dentro di noi e che siamo purtroppo destinati a rivivere gli stessi stati di insoddisfazione. A questo punto fuga chiama fuga.

Anche qui è importante sottolineare che non è detto che il modello reattivo della fuga non sia mai efficace, auspicabile o desiderabile, anzi, come detto, per alcune persone la fuga è l'unica cosa capace di innescare l'azione. Si deve essere però consapevoli dei rischi connessi a questo tipo di atteggiamento mentale e, soprattutto, si deve saper coniugare e valorizzare lo stimolo alla fuga con un approccio costruttivo, logico e valutativo.

Da quanto detto fino a ora a proposito della fuga, dovrebbe essere semplice, ormai, definire il modo migliore di *scegliere* il proprio cambiamento di vita.

La scelta

Scegliere significa fare chiarezza su ciò che si vuole raggiungere, essere attivi nella costruzione del proprio cambiamento, restando il più possibile avulsi da qualsiasi coinvolgimento o condizionamento esterno. Questo significa arrivare ad avere una profonda consapevolezza della propria individualità, dei propri valori e ideali, di ciò che è davvero importante e a cui non si vuole assolutamente rinunciare. La persona che sceglie esprime se stessa sempre in relazione a ciò che vuole diventare, non a ciò che non vuole più essere. Chi sceglie ha un piano! Non solo, chi sceglie ha anche un piano B, spesso ne ha molti altri, ma tutti congruenti al tipo di persona che vuole essere.

Questo è l'aspetto importante: scegliere significa stabilire *cosa* vogliamo essere nella vita. Il *come* diventa semplicemente il mezzo per diventarlo.

Se qualcuno di voi sta pensando davvero di lasciare il nostro Paese e seguire le orme di coloro che già l'hanno fatto con successo e soddisfazione, allora questo è il momento di porsi una domanda fondamentale. Cosa voglio diventare con questa scelta? Che tipo di persona sarò nella mia nuova vita?

Se avete delle risposte valide a queste domande, probabilmente siete sulla strada giusta. Attenzione però: una risposta del tipo: «voglio lasciare questo Paese perché...» snocciolando tutte le ragioni, sensate, nessuno vuole metterlo in dubbio, che motivano la vostra decisione, capite bene che non dice molto della persona che volete essere. Ancora, una risposta del tipo: «intanto provo, vado via, poi si vedrà», oltre che non congruente alla domanda, esprime solo un senso di stanchezza per la vostra situazione attuale. «Voglio girare il mondo»: anche questa risposta, che potrebbe sembrare un po' più sensata non parla di voi e del modo in cui volete diventare dei giramondo.

Provate invece a rispondere alla domanda: «*Cosa* voglio diventare con la mia scelta?». Innanzitutto questa domanda contiene, proprio per come è formulata, il forte presupposto che *diventeremo* qualcosa di diverso da quello che siamo già. Inconsciamente, dunque, ci forza a pensare in termini di cambiamento, dando per scontato che ciò che abbiamo fatto fino a oggi senza trovare la felicità, non sarà ripetuto. Perché la cosa fondamentale, quando viviamo momenti in cui sentiamo di voler cambiare, è proprio il fatto di iniziare a pensare e a comportarci in modo diverso. Cambiare significa avere degli obiettivi e inseguirli facendo le cose in modo nuovo. Significa decidere cosa vogliamo essere, scegliere per noi qualcosa di diverso cercando e trovando comportamenti alternativi a quelli fin qui agiti e assumendoci tutta la responsabilità.

È utile, forse, mettere a fuoco alcuni concetti espressi fino a ora, perché rappresentano la sintesi di cosa significhi cambiare consapevolmente (l'opposto della fuga). La chiave sta nel *decidere* cosa vogliamo essere, *agire* con comportamenti nuovi e prenderci la *responsabilità* delle nostre scelte e della persona che stiamo diventando.

Attenzione, concentrando l'interesse su un percorso interiore, non stiamo dicendo che i fattori esterni, in particolare gli aspetti socio culturali e politici, non possano demotivare a vivere nel nostro Paese o non ostacolino in modo determinante lo sviluppo personale delle eccellenze che nascono e vorrebbero lavorare in Italia. Anzi, siamo convinti della necessità di ripensare e rivoluzionare il nostro sistema di "creazione, sviluppo e gestione delle eccellenze", (sempre che attualmente ne esista uno), ma la realtà è che tali lacune italiane non devono essere le uniche ragioni per le quali una persona sceglie di partire e rifarsi una vita.

In Italia ci sono milioni di persone che vivono bene, felici, e che non si sono mai poste il problema di andarsene. Eppure è lo stesso Paese da cui molti di voi, che state leggendo, vorrebbero scappare. Il contesto è lo stesso per tutti. Le opportunità che ci vengono offerte sono le stesse per tutti, le regole sono le stesse per tutti. Molti ci vivono davvero bene, molti altri sognano di abbandonarlo. Il problema non è, dunque, il posto o almeno non solo, ma è ben più grosso perché nasce proprio dentro le persone. Il concetto è indubbiamente ostico. Si tratta di ammettere con onestà che molti degli alibi che sino ad oggi abbiamo accampato per giustificare il fatto di non riuscire a essere felici dove e come stiamo vivendo vengano di fatto azzerati e ridotti in spazzatura. Stiamo cercando di parlarvi di qualcosa che potrebbe procurarvi disagio, fastidio, ma che è bene che vediate, perché prima accetterete questo aspetto, prima sarete pronti a chiudere la valigia. Ci sono molte persone che vivevano felici in Italia e hanno deciso di lasciarla per vivere altrove. Ora sono altrettanto felici e vivono come vogliono. Altrove.

Malati e con lo zaino pesante

Vediamo ora di capirci meglio. Inizereste mai un viaggio con quaranta di febbre e uno zaino pesantissimo perché pieno di cose inutili? Ecco, sforziamoci di vedere la situazione in questo modo: essere motivati solo dal desiderio di fuga, è paragonabile a una condizione debilitante, a una febbre alta che ci impedisce di prendere decisioni sagge e ragionate. A molti sarà capitato di vivere una situazione del genere, addirittura di delirare a causa della temperatura elevata. Ecco, prendereste mai delle decisioni importanti per la vostra vita in quelle condizioni? Oppure cerchereste di ritornare in voi prima di fare un qualunque passo? Spesso quando superiamo la soglia della sopportazione di cui abbiamo parlato, entriamo in uno stato alterato in cui tendiamo a vedere tutto ciò che ci circonda in modo distorto, filtrato dalle sensazioni negative provocate dal dolore che stiamo vivendo. Tendiamo a generalizzare gli aspetti negativi, ingigantiamo i problemi, notiamo e facciamo inconsciamente attenzione alle sole negatività che ci circondano senza valorizzare gli aspetti positivi che ancora rendono bella e piacevole la nostra vita (stiamo ancora parlando di convinzioni e attenzione selettiva, per intenderci). Ripetiamo, prendere decisioni in momenti così emozionalmente forti è facile, perché siamo mossi dalla voglia di lasciarci alle spalle tutto ciò che ci angoscia o che non riusciamo più a sopportare. Altrettanto facile è, però, fare la scelta sbagliata. Dunque, prima di decidere di lasciare l'Italia, dobbiamo essere sicuri di stare bene, di essere in salute, che la febbre sia passata. Quando possiamo dirci guariti? Quando è il momento giusto per decidere di ricominciare da un'altra parte? Da quanto abbiamo detto fino ad ora, la risposta è piuttosto scontata: saremo guariti quando ci sembrerà di poter vivere comunque in modo felice anche in Italia. Quando andare via ci sembrerà solo un mezzo per diventare ciò che vogliamo essere nella nostra vita, allora quello sarà il momento.

In quel momento, ma solo allora, saremo pronti per svuotare lo zaino delle cose superflue, inutili e pesanti e finalmente di partire.

Essere in forma e svuotare lo zaino, dunque, questo dobbiamo fare. È semplice, è quello che fate sempre quando vi mettete in viaggio per una vacanza. Sono cose che facciamo già, che ognuno di noi già conosce e vive. Non stiamo dicendo nulla di nuovo.

Sono molti i casi in cui si parte senza nemmeno uno straccio di progetto, un obiettivo, un minimo di risultati attesi, ma solo affrettando una fuga che porta con sé guai, problemi e malesseri. Malati e con lo zaino pesante non si va lontani.

Proviamo ora a recuperare un po' di buon umore: facciamoci coraggio.

Far passare la febbre

È possibile che, se state leggendo questo libro, vi troviate in un momento particolare della vostra vita in cui sentiate il desiderio di dare la famosa svolta, di introdurre quel cambiamento in grado di ribaltare come un calzino la vostra esistenza. Qualcuno di voi, forse, sta soffrendo, forse vive emozioni dolorose riguardo al presente e riesce a immaginare la soluzione dei propri problemi solo sotto forma di un colpo di magia che li teletrasporti lontano.

Qualcuno di voi sta magari vivendo in modo distorto alcune situazioni che stanno accadendo, privato della lucidità necessaria per prendere decisioni. L'abbiamo detto, se vi riconoscete in questa descrizione è come se aveste la febbre, alta, debilitante. Non bisogna essere dei grandi psicologi per sconsigliare di prendere decisioni importanti in tali condizioni. La cosa migliore che potete fare per voi e per il vostro futuro è quella di concentrare le vostre forze e le vostre energie per guarire dalla febbre, così da tornare a essere lucidi ed efficaci in tempi rapidi.

Abbassare la febbre che vi ha aggredito significa ritornare a essere sereni nelle condizioni in cui siete, qualunque esse siano. Solo quando sarete in grado di elaborare nel modo più neutro possibile quello che vi accade ogni giorno, allora sarete sulla via della guarigione. Ci sono persone abituate a stare male, a sentirsi depresse, vuote, abituate a vedere il lato nero in ogni situazione. Spesso diamo loro l'etichetta di pessimisti, ma, indipendentemente da questo, sono persone che per abitudine non riescono a godere mai appieno di ciò che accade loro, ma che, anzi, sono sempre pronte a sottolineare in modo talvolta impietoso verso se stesse, le cose che non vanno nel verso giusto. Sono persone sempre pronte a evidenziare i propri presunti difetti ed errori: ascoltandoli con attenzione potremo notare come questo tipo di individui parli sempre in termini di lacune da colmare, usando parole come *problema, difficoltà, fallimento*. Le persone che perseverano in questo atteggiamento nei confronti della vita sono condannate, purtroppo, a inseguire invano la felicità.

Invano perché ci sarà sempre qualcosa di sbagliato o di inadeguato nelle loro vite.

Non si tratta di ottimismo spicciolo o del pensiero positivo da ipermercato. Si tratta di capire che le situazioni che ci accadono non sono positive o negative in assoluto, ma è il nostro modo di percepirle che genera in noi sensazioni positive o negative. Non si spiega in altro modo come mai, di fronte a situazioni identiche (un licenziamento, un lutto, una separazione, una violenza) persone diverse reagiscano in modo differente. Qualcuno si deprime, qualcuno coglie opportunità, qualcuno non perde il sorriso, qualcun altro semplicemente dimentica. Situazioni identiche, persone diverse, reazioni diverse. Lo stesso discorso lo abbiamo già introdotto: stesso Paese, l'Italia, stesse opportunità, stesse regole. Qualcuno ci vive bene qualcuno lo odia.

È dunque il nostro atteggiamento verso le cose che deve cambiare. Quello che ci accade ogni giorno non è per forza qualcosa di negativo, qualcosa che ci spinge sempre più giù togliendoci il respiro e la speranza. Se vi sforzate di essere obiettivi con voi stessi, potete trovare altrettanti motivi per essere felici dove siete, per continuare a vivere come state facendo, per cogliere le opportunità che le situazioni vi possono offrire. Quando avrete recuperato un po' di sano ottimismo, la voglia di ridere anche senza un motivo apparente, quando sarete convinti che i problemi che oggi vi angosciano e sembrano togliervi ogni speranza non dureranno per sempre e non influenzano tutte le sfere della vostra vita, allora quello sarà il momento di fare progetti e realizzarli. Sarà anche il momento in cui i progetti vi nasceranno in testa spontanei, continui, inarrestabili. Finché la vostra mente sarà focalizzata solo sui problemi e il dolore che ne deriva, non ci sarà spazio per la creatività, la lungimiranza e la visione di quello che volete sia il vostro futuro lontano da qui.

Le persone che hanno lasciato l'Italia e di cui vi racconteremo, hanno avuto successo all'estero, ma sono partiti da qui con progetti e idee.

Il percorso personale che li ha portati al successo è iniziato dalla definizione dei propri bisogni, dalla chiarezza riguardo ciò che vogliono essere. Partire è stato solo un mezzo per realizzarsi, non il contrario. Ripetiamo ancora una volta il concetto: lasciare l'Italia è solo una delle soluzioni, solo una delle strade percorribili.

A proposito, poco sopra parlando dei nostri amici espatriati, abbiamo utilizzato la parola successo. Attenzione, successo è solo una nominalizzazione, ovvero una parola che non rappresenta nessuna realtà oggettiva, perché ognuno di noi può attribuirle un significato diverso e valido per sé, ma non necessariamente per tutte le altre persone. Possiamo allora accordarci, per le pagine che seguono, nel definire successo il raggiungimento di un obiettivo personale, individuale. Per qualcuno successo significherà fama, per altri riuscire ad accumulare denaro, per altri una relazione appagante, per altri ancora la nascita di un figlio.

Coloro che stanno avendo successo all'estero (dunque non solo gli scienziati più famosi, ma anche gli italiani gestori del più malfamato bar di Caracas), sono partiti con un progetto, con la chiarezza dei propri obiettivi e di ciò di cui erano in cerca. Sono partiti con la consapevolezza di quale fosse il loro fine, quali fossero i risultati attesi.

Detto così sembra tutto estremamente facile, ma credeteci, solo poche persone hanno chiari i propri bisogni, valori, ideali e sogni. Solo poche persone riescono a entrare così tanto in contatto con se stesse da riuscire a estraniarsi da tutti i condizionamenti che subiscono ogni giorno. Ciò che rende ancora più difficile questa specie di autoanalisi è il fatto che siamo così *abituati* a pensare e a vivere in un certo modo, che talvolta diventa un'impresa riconoscere le cose che sono davvero importanti per noi. Anche qui, l'aggettivo importante è una nominalizzazione. Ognuno di noi sa, o dovrebbe sapere, cosa significa *importante* per se stesso.

Non è lo scopo di questo libro condurvi nel profondo della vostra anima e portare alla luce ciò che avete dentro e che rappresenta la vostra strada verso il successo. Se accetterete con serenità il fatto che scappare da questo Paese non è la soluzione ai vostri problemi, ma che sarà la conseguenza di altre scelte più profonde e ponderate, se ammetterete con onestà che il fatto di non trovarvi bene dove siete è qualcosa legato prima di tutto a voi stessi e non a ciò che vi circonda, se vi dimostrerete così responsabili da distruggere in un colpo solo gli alibi che vi hanno protetto fino a ora, allora sarete già a buon punto in questo percorso. Qualcuno riuscirà così anche a portare alla luce in modo autonomo e consapevole la persona che vuole diventare e a tracciare la strada utile per diventarlo. In Italia, in Nuova Zelanda o altrove. Per gli altri, non preoccupatevi, serve solo un po' di costanza e di voglia di lavorare su se stessi. Quello che ci preme sottolineare è l'assoluta necessità di questo tipo di progettazione interna per dare vita a un cambiamento che sia autentico, vissuto e duraturo. Ci preme passarvi il messaggio che questo lavoro di autoconsapevolezza darà forma, colori, sapori, odori, suoni alla vostra destinazione. Ci permette di stabilire l'obiettivo che intendiamo raggiungere.

C'è di più: durante il lavoro di introspezione che vi abbiamo consigliato di intraprendere emergono, solitamente, anche altri aspetti: oltre a prendere coscienza dei propri valori individuali, delle proprie priorità, delle cose importanti e di ciò a cui non si vuole rinunciare, si può arrivare anche a capire quali siano le cose superflue nella nostra vita, cosa possiamo sacrificare, cosa dobbiamo eliminare. Eccoci, dunque, arrivati alla seconda fase di preparazione: quella dello zaino per il viaggio.

Lo zaino pesante

Chi va in montagna sa di cosa parliamo e così anche coloro che sono abituati a viaggiare zaino in spalla o che amano girare il mondo in motocicletta. Gli altri possono immaginarlo facilmente. È molto più comodo muoversi se si hanno gli indumenti adatti e uno zaino leggero ed essenziale. Il bagaglio deve essere piccolo, non deve ostacolarci, anzi, deve rappresentare un piccolo sunto, un compendio delle cose indispensabili per goderci la gita, la vacanza o il viaggio che stiamo intraprendendo.

Molti di voi stanno forse cercando la forza per partire, il coraggio di chiudere una parte importante della propria vita per aprirne un'altra. Magari siete decisi, convinti, avete un progetto e sapete esattamente cosa cercare nel vostro futuro. Magari avete immaginato nei dettagli la vostra futura vita da espatriati, l'avete annusata, se chiudete gli occhi riuscite anche a provare forti emozioni pensando a quando sarete nel luogo dei vostri sogni. Qualcuno di voi si è spinto oltre, ha raccolto informazioni, preso contatti, fatto i classici due conti, ha un piano e magari qualche opportunità aperta che aspetta solo di essere sfruttata. Qualcuno che si trova in questa condizione, ma che ancora non riesce a fare il passo decisivo sicuramente c'è. Se vi ci riconoscete, sappiate che la situazione è molto, molto positiva. Avete una grande forza motivazionale che vi sta spingendo a decidere di concretizzare il vostro progetto, anche se, purtroppo, c'è ancora qualcosa che vi trattiene, come una potente fune di acciaio che non vi permette di andare oltre. Se vi riconoscete in questa descrizione è bene che sappiate che cosa è che vi sta bloccando: il vostro zaino non è abbastanza leggero, così non riuscite a spostarlo. Ogni volta che vi decidete a partire provate a mettervelo in spalla senza tuttavia riuscirci. Vi interessa svuotarlo? Vi potrebbe essere utile alleggerirlo e riuscire finalmente a muovervi nella direzione voluta?

Per fare ciò rispondete con onestà a queste domande:

avete mai guardato dentro il vostro zaino? Sapete quali sono le cose importanti e quelle a cui rinunciare?

Quando decidiamo di operare grandi cambiamenti nella nostra vita dobbiamo fare i conti con il bagaglio che ci portiamo dietro. Restando fermi in una determinata situazione accumuliamo sicurezze, beni, relazioni, responsabilità verso altre persone, sicurezze e sensazioni che ci fanno stare bene. Nel momento in cui decidiamo di partire ci illudiamo di riuscire a infilare tutte queste cose nello zaino per portarle con noi. Poi, purtroppo, facciamo i conti con la realtà: dobbiamo lasciare gli amici, i parenti, magari un partner. Dobbiamo lasciare il lavoro, ma ci spaventa l'idea di non avere un reddito fisso. Siamo disposti a mollare tutto, ma pensandoci bene ci resta un retrogusto amaro al pensiero di abbandonare, senza concluderle, alcune delle attività in cui eravamo coinvolti.

La stessa Giulia si sarà interrogata a lungo su cosa fosse giusto fare quando, ancora incerta sul suo futuro, le si poneva per la prima volta davanti l'eventualità di buttare al vento tanti anni di studio e di lavoro. La scelta di Giulia la conoscete, l'abbiamo già raccontata.

È importante che questo messaggio sia chiaro: cambiare vita, spesso, significa tagliare. Significa sfrondare. È una cosa normale, che vediamo anche in natura, parlando di botanica: per far stare meglio una pianta bisogna potarne i rami.

L'aspetto importante è sapere cosa tagliare, decidere serenamente a cosa rinunciare.

In questo contesto si inserisce un tema che a noi sta

molto a cuore, quello della cosiddetta zona di confort. Vediamo di spiegare in modo semplice questo concetto che, in parte, è già stato introdotto sotto mentite spoglie.

La zona di confort è l'insieme delle nostre certezze, delle conoscenze, delle abitudini, dei comportamenti, dei luoghi, delle persone che ci fanno stare bene, che ci danno sicurezza. È una specie di cuscino protettivo che creiamo per difenderci dall'ignoto.

Uscire dalla zona di confort non è facile, perché significa prima di tutto accettare che esistono modi diversi di pensare, di vivere. Significa confrontarsi con tutto ciò che è diverso da noi e dal nostro punto di vista, significa affrontare situazioni sconosciute e mai vissute prima. Molti di noi si trovano realmente in difficoltà nel mettersi in discussione, provano dolore e per evitarlo spesso continuano a restare confinati dentro la propria zona di confort, con l'illusione che sia la cosa migliore per sé. Cosi facendo si perdono, però, opportunità, si smette di crescere e si annienta quella straordinaria dote che da bambini ci spinge a sperimentare tutto: la curiosità.

Uscire dalla propria zona di confort o ampliarla, significa assumersi la responsabilità di comportamenti che mai avevamo considerato potessero appartenerci. Vuole dire provare ad avere un atteggiamento di apertura anche dinanzi a sfide che in prima battuta ci appaiono complicate, vuol dire essere consapevoli che tali situazioni portano sempre molte opportunità, almeno altrettante quanti sono i rischi che immediatamente crediamo di individuare. Ampliare la nostra zona di confort significa dire sì alle cose nuove o almeno evitare di dire pregiudizialmente no. Significa sapere che, qualunque sia la situazione che ci troviamo a dover affrontare, non c'è un solo modo di considerarla e viverla.

Pensate davvero ai bambini e alla loro inesauribile voglia di scoprire cose nuove. Ovviamente anche loro hanno bisogno di certezze, di una loro zona di confort, ma questa è imparagonabile alla nostra, con tutte le sue autolimitazioni, le fobie, le ossessioni che siamo così abili a creare.

Se un bambino avesse la possibilità di muoversi autonomamente girerebbe il mondo nei primi tre anni di vita.

Torniamo ora al nostro zaino. In questo c'è tutto ciò che costituisce la nostra zona di confort ovvero tutto ciò che ci fa sentire protetti e ci aiuta ad andare avanti ogni giorno sicuri, coccolati, al riparo da quelle sgradevoli sorprese quotidiane che tanto ci mettono a disagio.

Se vogliamo davvero essere liberi di decidere cosa fare della nostra vita, quindi anche di prenderla e portarla in un altro continente, di circondarci di spazi naturali incontaminati, di svegliarci in riva a un oceano o sulle alture di una remota regione asiatica, dobbiamo fare un salto grandissimo al di fuori della nostra zona di confort, abbandonando quelle cose che ci danno sicurezza ma che, allo stesso tempo, contrastano la nostra voglia di libertà tenendoci ancorati a situazioni che, pur nella loro insoddisfacente immobilità, ci danno certezze.

Iniziamo ad alleggerire. Cominciamo togliendo tutti i condizionamenti che ci stanno limitando nelle scelte. Togliamo il ricordo delle esperienze negative, togliamo le abitudini, togliamo i nostri standard di pensiero unico, togliamo tutto ciò che sentiamo come un ostacolo.

Bisogna farlo con coraggio. Tutti noi ci siamo trovati prima di partire per un viaggio a pesare la valigia, la sera prima della partenza, con il timore di essere fuori dai limiti tollerati dalla compagnia aerea. Credo sia capitato a tutti di essere certi di aver fatto le cose per bene, di aver preparato una valigia al di sotto del peso limite, per poi scoprire con amara sorpresa di aver sforato clamorosamente. Cosa succede a quel punto? Lo sapete, si riapre la valigia e si inizia a ragionare su cosa sia meglio portare. Iniziamo improbabili discussioni con noi stessi se sia prioritario portarsi un paio di scarpe in più o quella maglietta rossa che tanto ci dona, quel jeans firmato o dei bermuda per risparmiare qualche grammo.

Questo è esattamente ciò che dobbiamo fare ogni volta che ci troviamo in una situazione in cui la motivazione che ci spinge a cambiare non è così nettamente prevalente rispetto a ciò che ci spinge a restare nella nostra zona di confort: analizzare con attenzione tutto ciò che ci sta bloccando ed eventualmente eliminarlo.

Suggeriamo di preparare due liste. Nella prima descrivete per punti tutte le motivazioni che vi stanno spingendo verso il grande cambiamento. Attenzione a elencare solo ed esclusivamente affermazioni al positivo. Tutte le motivazioni che esprimerete come fuga da qualcosa o volontà di smettere con qualcosa d'altro non sono utili.

Facciamo alcuni esempi: voglio vivere in un posto più a contatto con la natura; voglio un lavoro che mi porti più a contatto con le persone; cerco un posto dove muovermi solo a piedi o in bicicletta; un posto dove non piova mai; voglio vivere in barca a vela e portare in giro i turisti; voglio aprire un resort tutto mio; voglio allevare animali e mangiare solo cibo prodotto da me; voglio essere l'unico responsabile dei miei risultati economici; voglio vivere avendo un impatto più ecologico sul pianeta.

Se vi allenerete a ragionare sempre in termini propositivi anziché in termini negativi, diventerete bravissimi a fissare obiettivi e crearvi la chiarezza necessaria per decidere in tutti gli ambiti della vostra vita. Cercate di fare suonare un piccolo, ma fastidioso allarme nel vostro cervello, ogni volta che vi scoprite a fissare obiettivi al negativo e sforzatevi di volgerli subito al positivo. Facciamo un esempio che esce, per un attimo, dal tema di questo libro. Darsi l'obiettivo di perdere almeno dieci chili è qualcosa di raggiungibile, ma, proprio per come è stato definito, destinato a non durare. Esistono infatti centinaia di modi per perdere, anche rapidamente, peso, ma poi, come dimostrano le statistiche, quasi mai le diete danno effetti permanenti. Se il focus del nostro pensiero è su cosa vogliamo perdere, su ciò che non vogliamo più, i risultati non saranno soddisfacenti. Il nostro cervello ha bisogno di pensare al positivo, di concentrarsi su qualcosa da realizzare. L'obiettivo sarebbe potuto essere espresso come desiderio di apprendere uno stile alimentare equilibrato e adatto alla propria personalità, di mangiare in modo sano e vario, nell'interesse del benessere del corpo e della mente. Capite bene quanto sia diversa la motivazione che sta dietro ai due obiettivi: una esprime la rinuncia a qualcosa, la privazione, l'altra si concentra sulla costruzione di qualcosa che darà felicità, salute, soddisfazione.

Torniamo ora alla nostra lista. Avendo ormai capito l'importanza di costruirvi una lista di obiettivi e motivazioni esclusivamente al positivo, preparatene una seconda e metteteci tutti quegli aspetti che percepite come ostacoli alla vostra scelta.

Provate a dare una risposta a questa domanda: cosa vi trattiene in Italia? Cosa vi impedisce di cambiare davvero la vostra vita?

Questa è la fase più difficile perché dovrete misurarvi onestamente con quelle convinzioni che avete forse iniziato a costruire da quando siete piccoli e che ogni giorno alimentate.

Cosa vi trattiene dunque? La paura dell'ignoto? La paura di fallire? Forse gli affetti che non volete abbandonare, forse la paura di deludere i vostri genitori o le persone care accanto a voi? Forse pensate di non avere abbastanza soldi o conoscenze? O forse, solamente, non siete abbastanza motivati?

Terminata anche la seconda lista avrete il quadro esatto di quello che c'è nel vostro zaino tanto pesante e, buona notizia, avrete anche il punto di partenza per svuotarlo e per rimetterci dentro solo le cose alle quali davvero non volete rinunciare.

Analizzando una alla volta ognuna delle voci che avrete scritto scoprirete, se lo vorrete, quali di queste sono per voi davvero irrinunciabili. Se per voi la vicinanza alla vostra famiglia è la cosa più importante del mondo ed è questo che vi sta bloccando, allora non ci sono grosse scelte da fare: o abbandonate l'idea del vostro trasferimento smettendo di consumarvi nell'indecisione o portate con voi le persone che volete avere accanto, sempre, ovviamente, che lo vogliano anche loro. Ma, al di là di casi tanto estremi, vi renderete conto che le cose che vale davvero la pena di mettere nello zaino non sono poi così tante. Per questo è fondamentale avere una lista di obiettivi e motivazioni al positivo, per costruire un'immagine esatta di ciò che volete e la motivazione per arrivarci. Potreste, dunque, scoprire che l'unica cosa che vi serve davvero per il vostro viaggio è una cosa molto semplice, la prima che i viaggiatori di ogni tempo si procuravano: la bussola. La vostra lista delle motivazioni è la vostra bussola. Tutti i motivi che avete trovato per cambiare vita vi danno una direzione certa. Non potete sbagliare. Ogni volta che dovrete prendere una decisione potete confrontarla con tutti gli aspetti motivanti che avete elencato, verificando quanto sia coerente con essi. A quel punto ogni decisione che prenderete sarà quella giusta perché vi avvicinerà sempre di più alla meta, perché sarà in linea con la direzione indicata dalla bussola.

Con questo lavoro, dunque, siamo arrivati dunque a destinazione, dotati di uno strumento che ci tornerà utile a orientarci in ogni momento del nostro viaggio. Molto meglio che decidere di partire solo per scappare da qualcosa, non credete? È un approccio molto più sicuro ed ecologico.

Se solo avessi...

Ci sono molte persone che riescono a realizzare quello che hanno nella testa, traducendo in azioni quelli che per molti sono solo sogni. Qualche volta proviamo un po' di invidia per alcune di queste persone, tanto che spesso per giustificare il nostro immobilismo ci creiamo degli alibi. Il più frequente che abbiamo riscontrato è quello relativo ai soldi.

Potremmo portare infiniti esempi di persone che hanno mollato tutto senza essere milionari o ricchi ereditieri: alcune di queste storie le troverete raccontate nel seguito di questo libro. A parte questo dato di fatto, dicevamo, pensare comunque che tutto sia possibile grazie ai soldi è altamente offensivo per coloro che hanno mollato tutto con successo. Pensateci: ci vuole un'idea, bisogna pianificare, ci si deve informare, ci si scontra con la burocrazia, spesso si attraversa un travaglio interiore, si lasciano amici, parenti, relazioni sentimentali, a volte posizioni lavorative importanti. Insomma, cambiare vita non è solo un viaggio affascinante e stimolante, ma ha anche una faccia della medaglia meno lucente, più oscura, fatta di sofferenza e di profonde analisi di noi stessi. Queste a volte ci mettono di fronte ai nostri fallimenti, ci fanno guardare in faccia realtà che non ci piacciono, da cui vogliamo scappare. E tutto questo secondo voi è risolvibile avendo un solido conto corrente bancario?

Anthony Robbins, il formatore più famoso al mondo, ha reso celebre la teoria ESSERE-FARE- AVERE. In sintesi, la maggior parte di noi pensa che AVERE soldi, *status* e facilitazioni porti alla possibilità di FARE le cose che più ci piacciono, dandoci così la possibilità di diventare le persone che vogliamo ESSERE.

Robbins afferma esattamente il contrario. Prima di tutto ci vogliono le idee chiare circa la persona che vogliamo ESSERE e la vita che vogliamo avere. Poi dobbiamo agire e quindi FARE con coerenza ciò che abbiamo scelto. Solo a questo punto arriviamo all'AVERE soldi, successo o la vita che abbiamo scelto.

Partire dall'avere non risolve il problema, così, anche se aveste i soldi necessari per cambiare vita, ci sarebbero buone possibilità di non farcela con successo.

Non vogliamo nasconderci, avere denaro aiuta, sempre, forse più per la serenità che ci garantisce la sensazione di avere le cosiddette spalle coperte che per quello che realmente ci consente di fare. Non vogliamo raccontarvi chc i soldi non contino, ma rimane comunque opportuno fare una riflessione sulla loro reale utilità nel processo di cambiamento.

Spesso, per esempio, si sente dire: «Se con il mio lavoro guadagnassi 300.000 euro all'anno», ognuno metta pure la cifra che preferisce, «partirei domani». Ci avete mai pensato? Se davvero guadagnaste quella cifra avreste ancora voglia di andarvene? Avreste davvero il coraggio di abbandonare tale reddito verso qualcosa di ignoto?

Siamo convinti che molte persone non troverebbero mai il coraggio o la motivazione forte per rinunciare a cuor leggero a un certo stile di vita. In questo caso, quindi, avere denaro e una posizione di prestigio può diventare un ostacolo insormontabile, tale da costringere le persone a rimanere intrappolate in vite che in realtà non vorrebbero vivere. Per alcune persone inseguire denaro, prestigio e status diventa l'ossessione della vita. Siete ancora sicuri che se guadagnaste cifre importanti stareste leggendo questo manuale per aspiranti espatriati?

Cercate di rimuovere, se l'avete, l'associazione soldi uguale fare o peggio niente soldi uguale niente possibilità.

Avere denaro può aiutare a cambiare vita, ma come abbiamo visto anche rappresentare un ostacolo. Allora, cos'è che fa la differenza? Ormai lo abbiamo imparato, spero. Le persone, la loro visione, le loro idee, le leve motivazionali e le loro convinzioni.

Avrete già capito dove vogliamo arrivare: pensare di potercela fare solo grazie ai soldi è una delle opinioni limitanti più diffuse e, proprio perché così diffusa, si autoalimenta ogni volta che la sentiamo dire in giro. Riuscite a ricordare quante cose non avete nemmeno iniziato a causa di questa convinzione? O di altre simili?

Nel seguito del libro vi forniremo storie di persone che ce l'hanno fatta senza avere alle spalle una solida base economica, così da insinuare dentro di voi il dubbio, così da aiutarvi a demolire poco alla volta la convinzione limitante che forse vi sta ostacolando nel vostro percorso verso la felicità.

Pronti, partenza e...

...via, finalmente. In questa prima parte abbiamo visto come prepararci per il viaggio della nostra vita. Ci piace chiamarlo viaggio perché siamo convinti che le persone in grado di realizzare grandi cambiamenti siano sempre in movimento, a volte solo con la mente, altre anche fisicamente, sempre alla ricerca e alla scoperta di nuovi posti, stimoli, sensazioni. In questa prima parte, pur essendo stati volutamente leggeri, non certo superficiali, siamo certi di avervi fornito molti spunti di approfondimento su come approcciare il vostro grande cambiamento di vita. Siamo convinti che molti di quelli che tra voi, in questo momento, sentono forte il desiderio di fuga, riusciranno a trasformare questo nobile istinto di sopravvivenza in un obiettivo. Tanti riusciranno a guarire dalla febbre alta, forse ci vorrà più tempo del previsto, ma è uno sforzo che sarete in grado di fare. Altri invece faranno più fatica a svuotare lo zaino: a queste persone diciamo solo di fidarsi, di liberarsi il più possibile da tutti gli impedimenti e di credere fortemente che tutto ciò di cui avranno bisogno nella vita lo troveranno durante il viaggio o una volta giunti a destinazione. Non si può mai cambiare davvero senza uno sforzo in termini di flessibilità e apertura. Capirete presto che avere lo zaino leggero è un vantaggio.

Primo perché vi consentirà di viaggiare più leggeri, secondo perché saprete di avere sempre un po' di spazio per raccogliere e conservare le cose che scoprirete nella vostra nuova vita. Fate spazio, abbandonate vecchie convinzioni limitanti, vecchie cattive abitudini, vecchie routine che vi assorbono energia e siate pronti a sostituirle con altre convinzioni, abitudini e consuetudini che meglio si adattano a voi e al vostro voglio vivere così.

Avete tutto. Motivazione e obiettivi, capacità personali, convinzioni potenti e valori. Avete la vostra bussola. Seguitela, stabilite voi la destinazione, aggiustate la rotta quando vi accorgete di doverlo fare. Arriverete più in fretta, più sicuri e più felici.

Buon viaggio!

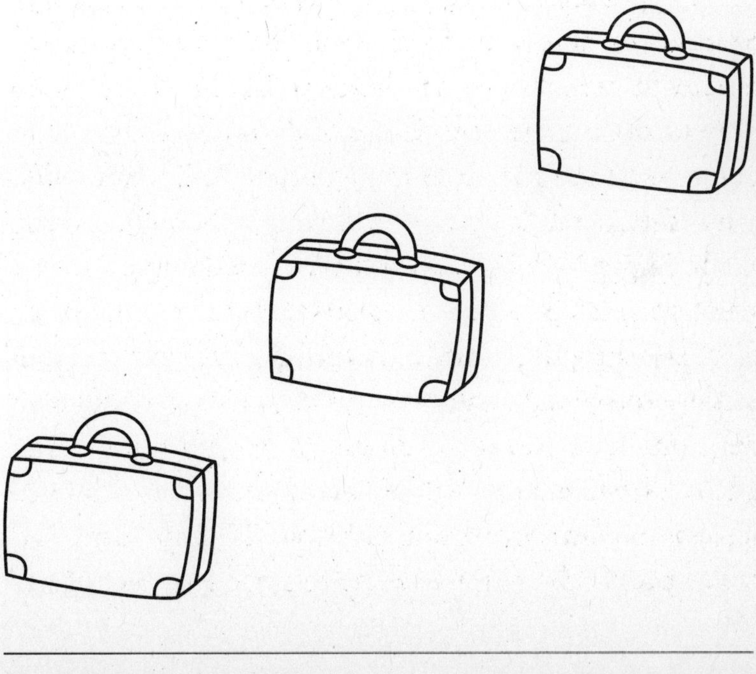

PARTE SECONDA

Voglio vivere così

Pianificare è importante

Per molti la parola pianificazione e il sogno di cambiare vita sono due concetti incompatibili. Ma se non si vuole rischiare di rimanere impantanati in uno sterile e velleitario lamento, o peggio ancora trovarsi in una condizione peggiore di quella da cui si è partiti, la pianificazione è fondamentale. Cambiare vita non è qualcosa che avviene in un istante: si tratta di prendere coscienza di un bisogno, di mettere in luce gli obiettivi, di capire cosa si sta cercando e cosa si è disposti a fare. Molti lettori del sito ci scrivono dicendo: «Voglio andare via. Sono disposto a fare qualunque cosa, basta vivere al caldo tutto l'anno». Ecco, questo non è propriamente un buon punto di partenza. Dichiararsi disposti a fare qualsiasi cosa, spesso, manifesta più che buona volontà, assoluta confusione rispetto a ciò che si vuole fare. Voler vivere al sole tutto l'anno, più che a un programma di vita, assomiglia alla pubblicità di un tour operator, o alla lettera che si scriveva da bambini a Babbo Natale. Pianificare, pianificare e ancora pianificare.

Scegliere la destinazione

Prima di tutto bisogna identificare il Paese in cui si pensa di voler ricominciare una vita. Identificarlo significa non solo trovarne uno che ci piace, ma al quale, diciamo così, piacciamo anche noi. Non è un gioco di parole. Un luogo deve fare al caso nostro, deve rappresentare davvero un'opportunità e non semplicemente una fuga. Se pensiamo all'espatrio come alla panacea per tutti i nostri problemi rischiamo un risveglio molto traumatico. Quindi, prima di tutto, per capire quale Paese possa veramente accoglierci come un amico benevolo e collaborativo sarà meglio conoscerlo il più possibile. Come? Il primo passo dovrebbe essere quello di trascorrerci almeno qualche settimana, magari in occasioni diverse e in diverse stagioni per iniziare a farsene un'idea il più completa possibile. Se state pensando a una località di mare, tanto per intenderci, magari è meglio non limitarsi a visitarla in estate, quando tutto è bello, meraviglioso, luminoso e incredibile, quando tutti si divertono e sorridono, quando tutte le attività sono al massimo del loro rendimento. Proviamo a visitarla anche quando cala il sipario estivo e i ritmi rallentano, le persone si diradano e anche le attività lavorative si ridimensionano. Nel frattempo potete anche leggere tutto ciò che trovate riguardo alla cultura di quel Paese, al clima, non solo meteorologico, che vi si respira. E non pensate che questo lavoro di ricerca debba essere fatto solo per luoghi che si trovano dall'altra parte del mondo: non lasciatevi ingannare dalla vicinanza geografica. Un Paese a due ore di volo dall'Italia può costituire un contesto totalmente diverso da quello a cui siete abituati. Pensate davvero che italiani e francesi, tanto per fare un esempio, siano considerabili affini perché abitanti di due nazioni confinanti? Provate a vivere anche solo una settimana a Parigi e poi vediamo se non rimetterete in discussione questa convinzione. Informatevi su tutto, dunque, fatelo attraverso libri, giornali, blog, siti internet e racconti. Oggi le possibilità di informarsi non mancano, basta avere voglia di farlo, sempre tenendo conto che ciò che vi verrà detto e ciò che leggerete, sarà inevitabilmente filtrato dalla sensibilità altrui e dalla percezione che ciascuno ha di un luogo. Per questo è fondamentale visitarlo una volta e poi un'altra e poi altre ancora. È della vostra nuova vita che si sta parlando, quindi investire del tempo in tale opera di conoscenza reciproca è tempo ben investito.

Conoscere la lingua

Quale può essere uno strumento fondamentale per evitare di sentirsi un pesce fuor d'acqua? La possibilità di comunicare. È vero che noi italiani abbiamo una mimica straordinaria, ma quando si parla di comunicare intendiamo qualcosa di più serio, articolato e, soprattutto, efficace: la conoscenza della lingua. Senza, potremmo ritrovarci in situazioni imbarazzanti che ricordano la famosa gag di Totò e Peppino che cercano di comunicare con un vigile milanese in *Totò, Peppino e... la malafem-*

mina. Nei Paesi di qualsiasi continente del mondo, oltre alla lingua locale, ne esiste sempre una ufficiale parlata dagli organi di stampa, negli uffici pubblici e nelle scuole: insomma, usata e conosciuta dalla maggior parte della popolazione. È fondamentale, dunque, conoscerla al meglio per riuscire ad affrontare tutte quelle piccole grandi situazioni di cui è fatta la vita quotidiana o anche per poter espletare senza perdite di tempo le pratiche burocratiche necessarie al trasferimento. Se pensate di rifarvi una vita in Polinesia, per esempio, sapere l'inglese non sarà sufficiente: o imparerete più che bene il francese oppure avrete poche *chances* di integrarvi con la popolazione locale, oltre che numerose difficoltà con le autorità che vi chiederanno tutti i documenti in questa lingua. Dedicate, quindi, qualche mese allo studio dell'idioma. Ci sono moltissime scuole serie in Italia e, in ogni caso, rivolgendovi alle ambasciate o ai consolati essi saranno in grado di fornirvi nominativi di istituti o insegnanti privati. Questa fase di studio linguistico vi consentirà anche di prendere i classici due piccioni con una fava: progredirete nella conoscenza della lingua che vi interessa e sarete sempre più in grado di leggere le testate giornalistiche del luogo e i siti web locali. Non dimenticate che leggere la stampa nazionale è un modo imprescindibile per conoscere un Paese.

Il clima

Non trascurate questo fattore perché può fare la differenza tra un espatrio riuscito e un espatrio pentito. No, non stiamo esagerando. Conosciamo una coppia di italiani che, dopo averlo sognato a lungo, si è trasferita in Costa Rica. Entusiasmo alle stelle per una vita diversa, finalmente, ritmi rilassati e tanto sole. Tanto sole, troppo sole. Dopo qualche anno si sono accorti che ciò che mancava loro era proprio l'alternarsi delle stagioni, con il mutare dei colori e della luce. Può sembrare un motivo non abbastanza serio per ribaltare nuovamente la propria vita, ma vi assicuriamo che lo è. L'influenza del clima sull'esistenza di ciascuno di noi non è affatto un fattore di secondaria importanza, quindi tenetene conto. Caldo, freddo, umidità, troppo buio o troppa luce sono elementi da prendere in considerazione quando si parla di pianificazione.

Le ragioni per partire

Per rispondere a questa domanda vi tornerà utile tutto quanto detto nella prima parte del libro. Non basta rispondere che si vuole cambiare vita, bisogna avere ben chiari i motivi, gli obiettivi e, soprattutto, bisogna saper dare un nome ai fattori di insoddisfazione che spingono al cambiamento. State *fuggendo da* o state *andando verso*? Avrete ormai capito che queste due differenti prospettive sono separate, più che da una semplice sfumatura di significato, da un vero e proprio abisso.

Fate attenzione, dunque, a considerare l'espatrio come automatica soluzione ai vostri problemi. Non è così, anzi, in questo caso, può solo moltiplicarli. Volete aprire un bar su una spiaggia brasiliana? Bene, benissimo. Ma avete mai provato ad aprirne uno su una spiaggia italiana? Pensate sia facile? Pensate di poter improvvisare? Non credete che gestire un bar su una spiaggia sia un vero e proprio mestiere? Il mondo è pieno di persone che lo hanno fatto e dopo pochi mesi hanno chiuso. Senza basi concrete non si costruisce nulla, né in Italia né all'estero. Cambiare non significa fare i dilettanti allo sbaraglio, per questo è fondamentale capire quali siano le proprie competenze, le proprie attitudini e lavorare su quelle. Ma lavorare duro. A tal proposito vogliamo citare l'esempio di due italiani, Loris e Lorella che, in Portogallo, hanno intrapreso un'attività di produzione di gelato artigianale. A parte la mentalità imprenditoriale su cui hanno potuto contare e che nessuno vi insegna, i nostri due connazionali si sono informati in maniera approfondita sulle procedure burocratiche, sulle leggi, sul mercato del gelato artigianale e le sue possibilità di sviluppo. Non solo: hanno seguito corsi su corsi per imparare le tecniche produttive, per capire quali e quanti macchinari utilizzare e, quindi, che tipo di investimento affrontare. Hanno, in conclusione, compreso l'importanza di non improvvisare. Insomma, prepararsi e pianificare rappresentano un lavoro in sé.

Dipendenti o imprenditori?

Proviamo ora a entrare in modo ancora più preciso nell'individuazione della prospettiva che ci si dà pensando di espatriare: aprire un'attività in proprio o cercare un lavoro da dipendenti? Il punto di partenza cambia la metodologia di azione e ricerca. Cercare un lavoro da dipendenti significa prestare molta attenzione a fattori quali la solidità dell'impresa per cui vorreste andare a lavorare e il tipo di contratto che vi viene proposto. È importante raccogliere tutte le informazioni sul tipo di legislazione che regolamenta il mercato del lavoro del Paese che vi ospiterà.

Tenete presente che condizioni contrattuali apparentemente sfavorevoli, in alcuni Paesi esteri, si traducono in una retribuzione più alta.

Di solito la ricerca di un lavoro dipendente è meglio cominci dall'Italia. A meno che non abbiate vent'anni e una buona dose di incoscienza, è sconsigliabile partire prima di aver trovato un impiego e iniziare a girare porta a porta proponendovi insieme al vostro curriculum. Ci sono molti siti specializzati in questo tipo di ricerche. Consultateli, cercate di capire che tipo di mansioni propongono e interrogatevi se fanno davvero per voi, se le vostre competenze e attitudini sono veramente compatibili con quanto proposto e poi chiedetevi ancora se è davvero ciò di cui avete bisogno. Non vi stiamo suggerendo di mettere un freno a mano ai vostri sogni e aspirazioni, anzi. Per dare maggiore forza propulsiva alla vostra decisione di cambiare vita è indispensabile avere basi concrete e valutare attentamente pro e contro: non state solo pensando di cambiare lavoro, state per rivoluzionare la vostra vita, in un contesto nuovo e diverso che, per quanto allettante, rappresenta pur sempre qualcosa che non vi appartiene. Non ancora, almeno.

Comunque, se avete individuato il luogo e il lavoro che fa per voi, dedicate più di qualche minuto a qualcosa a cui non si da mai abbastanza attenzione: il curriculum. Questo biglietto da visita può davvero determinare il prosieguo della vostra avventura, per cui è bene prepararlo seriamente. Vi consigliamo un sito, www.modellocurriculum.com che vi darà tutta la consulenza di cui avrete bisogno per compilare un curriculum formalmente corretto e che rispetti le regole di ogni Paese. Vi darà, inoltre, anche preziosi consigli su come sostenere un colloquio.

Se invece pensate di aprire una vostra attività all'estero, i passi devono essere ancora più ponderati e meditati perché, in tal caso, si tratterà di investire dei soldi. Se non volete rischiare di ritrovarvi in guai seri, è opportuno prendersi un bel po' di tempo per valutare tutta una serie di fattori: a quale attività state pensando e perché; valutazione delle vostre competenze; analisi del mercato locale; elaborazione di un accurato, meticoloso piano finanziario. Quest'ultimo aspetto, in realtà, sarebbe il primo da considerare prima di aprire un'attività, indipendentemente dal fatto che lo si faccia in Italia o all'estero. E invece, strano a dirsi, è l'aspetto che viene più spesso sottovalutato. Molti si affidano all'entusiasmo, alla grande voglia di fare e pensano: "Intanto cominciamo, poi si vedrà." Sbagliato. Il *business plan* non è solo un'espressione finanziaria astratta, qualcosa che si possa aggirare con la tanto rinomata arte di arrangiarsi e tanto spirito di intraprendenza. È l'ossatura su cui andrete a costruire il vostro futuro, le fondamenta per un edificio che deve essere solido per non crollare, quindi, deve essere studiato e programmato al meglio. Poi, certo, c'è il rischio di impresa, ma quello è un'altra cosa e non ha nulla a che fare con la sventatezza e l'improvvisazione. Qual è il capitale su cui potete contare? Quanto pensate di potervi fare finanziare da una banca? Quali e cosa sono i costi di ammortamento? In quanto tempo pensate di rientrare almeno nelle spese? Quando inizierete a guadagnare? In quanto tempo pagherete i debiti? Cosa volete destinare alla vostra retribuzione? Cos'è un leasing? Ecco, questo è un business plan e se pensate di non avere ben chiari tutti questi aspetti fatevi consigliare da professionisti, consulenti finanziari e legali. Ci possono volere mesi e mesi prima di raccogliere tutte le informazioni di cui avrete bisogno, ma non abbiate fretta. Quando si vuole iniziare un'attività, i primi soldi guadagnati sono quelli non buttati. È importante essere visionari senza perdere di vista la realtà.

Una prima importantissima fonte di informazione riguardo le possibilità di fare impresa sono le ambasciate e i consolati, attraverso cui potete essere messi in contatto con le varie Camere di commercio o Dipartimenti del commercio estero. Privilegiate sempre, quando possibile, gli organi ufficiali e costituzionali: eviterete brutte sorprese. Comunque, non disdegnate di parlare con altri imprenditori, italiani o del luogo: ascoltate, confrontatevi, prendete spunti e fatevi venire dei dubbi. I dubbi, se non paralizzano, possono aprire molte strade, più di tante granitiche certezze.

Attenzione alle sirene

Tenete sempre gli occhi ben aperti, perché potreste imbattervi in qualche brutta sorpresa. Quali? Potrebbero riservarvene una, per esempio, alcuni connazionali lestofanti, espatriati prima di voi che, all'estero hanno portato una buona dose di italica furbizia. Prestate particolare attenzione a proposte di guadagni facili, a partecipazioni in attività immobiliari e di intermediazione, ad acquisti di case fantastiche a prezzi favolosi. E fate attenzione, soprattutto, quando questi annunci compaiono su social network e affini. Molti di loro usano pubblicare post su pagine di siti che conoscete bene e reputate seri e che lo sono, solo che non hanno modo di verificare tutto ciò che viene pubblicato sulle loro bacheche. Dovrete farlo voi, chiedendo, navigando su internet in cerca di informazioni, cercando di sapere se quella società che vi offre meraviglie è regolarmente registrata nel Paese in cui opera, se esiste una sede fisica oltre a un incantevole sito internet.

Se tutte queste raccomandazioni vi sembrano superflue o, peggio ancora, un insulto al vostro buon senso, non consideratele. Ci sarà, però, un motivo se, ogni anno, centinaia di connazionali vengono ingannati in questo modo. Vi sono Paesi che si prestano particolarmente a queste truffe, grandi o piccole: Costa Rica, Repubblica Dominicana, Panama e Messico. Sia chiaro, la maggior parte degli italiani espatriati a queste latitudini sono persone oneste che hanno lavorato sodo e che continuano a farlo. Ma è innegabile che siano numerosi i truffatori che operano da queste parti, aiutati anche da una burocrazia, in genere, a maglie più larghe. Questa può essere un'arma a doppio taglio: da una parte rende meno complesso e frustrante aprire un'attività alle persone oneste e capaci, dall'altra rende la vita più facile anche ai disonesti. Non facciamo di tutta un'erba un fascio, dunque, ma stiamo attenti. Non abbiate timore e scrupoli a chiedere tutta la documentazione possibile e immaginabile ed evitate il fai da te: rivolgetevi a un avvocato per avere tutta la consulenza di cui necessitate. Magari dovrete spenderci qualche soldino, ma ne vale la pena. Tenete sempre presente che è meglio diffidare di tutte quelle situazioni che si presentano come occasioni facili, che non implicano una buona dose di fatica, perché cambiare vita può essere semplice, il difficile è semplificarlo. Lavorare duro in fase di pianificazione significa avere meno difficoltà dopo, meno imprevisti, intoppi e dispendiose retromarce.

Lasciarsi sempre una porta aperta

Dare una svolta alla propria vita non significa necessariamente tagliare tutti i ponti con il passato. A parte i legami affettivi, con cui dovrete comunque fare i conti, qui parliamo proprio di reti di protezione e scialuppe di salvataggio. Certo l'atteggiamento deve essere positivo e propositivo, non si deve partire con l'idea che le cose andranno male, ma con un lucido calcolo dei rischi. Può sembrare un banale invito al semplice e spesso trascurato buon senso, e forse lo è. Lasciarsi una porticina aperta rappresenta anche una base psicologica per affrontare con più serenità il cambiamento. A tal proposito vi vogliamo raccontare questa storia. Una signora milanese, quattro anni fa, decide di trasferirsi a Porto Rico. A Milano aveva un buon lavoro nel campo editoriale, un figlio e una casa di proprietà. Separata, prossima alla cinquantina, decide di dare una svolta alla propria vita. A Porto Rico vuole iniziare un'attività di import-export di gioielli. Si licenzia, vende la casa, tutto ciò che possiede e parte. Con il bel gruzzoletto accumulato, riesce a comprarsi una casa nel nuovo Paese e a tenersi anche qualcosa da parte. In più ci sono gli alimenti che il marito dovrebbe passarle ogni mese per il mantenimento del figlio. Tutto sembra perfetto, tutto sembra a posto. Le cose, però, non vanno esattamente come previsto: avviare l'attività si rivela meno semplice del previsto. La rete di conoscenze che si è creata in loco non è abbastanza solida, né dal punto di vista lavorativo, né umano. Una donna sola, con un figlio, incontra tanti piccoli ostracismi che non aveva messo in conto quando frequentava Porto Rico da turista danarosa che spendeva soldi in alberghi e ristoranti. I soldi cominciano a scarseggiare e il marito smette di pagare gli alimenti. Deve rientrare in Italia dove non ha più nulla e dove anche il rapporto con il figlio comincia a entrare in crisi. Non ha una casa e non ha un lavoro. Si reinventa donna di servizio, poi domestica, poi viene licenziata dalla famiglia per cui lavorava ed è costretta a trovarsi una camera in affitto in uno dei quartieri più problematici della città.

Sta ancora cercando un lavoro e vive con l'aiuto dei pochi amici che le sono rimasti. Esagerazione? Storia paradossale? Magari è solo un caso su mille, ma queste cose accadono. E se invece che vendere la casa l'avesse affittata? E se, quando si è licenziata, si fosse proposta come consulente esterna e avesse continuato con sporadiche collaborazioni a distanza? Questo vuol dire tenersi una porta aperta, almeno fino a quando la nuova vita all'estero non si sia stabilizzata, trovando un equilibrio meno precario.

A meno che non possiate contare su una più che discreta disponibilità economica o siate pensionati con qualcosa più del minimo, è opportuno fare piccoli passi e ben calcolati. Per chiudere completamente con la vostra vita precedente c'è sempre tempo.

Ah, l'amore

L'amore smuove le montagne, figuriamoci le persone. Trasferirsi per amore è una spinta potentissima e molto frequente. Può essere un motivo sufficiente per rivoluzionare la vostra vita. In questo caso sono in gioco elementi talmente personali che diventa difficile dare consigli su come comportarsi. Bisogna solo tenere presente che, a volte, questo tsunami affettivo arriva a sconvolgere una vita che non presentava particolari motivi di insoddisfazione. Insomma, prima di innamorarvi perdutamente di un uomo o una donna che vivono a migliaia di chilometri da voi, non avevate magari mai pensato di lasciare il vostro Paese. Un'esistenza già ben costruita e avviata si scontra con qualcosa di nuovo che vi spinge altrove. Non saremo certo noi a dirvi di lasciar perdere, anzi. Tenete solo presente che quell'amore può finire, come tutti gli amori del resto. Ma se avete mollato tutto per seguire un tenebroso argentino o una sirena fiamminga, se avete cambiato lavoro e venduto la casa, forse il contraccolpo può essere più traumatico. Certo, chi non risica non rosica e come dice il buon Jovanotti: «Non c'è scommessa più persa di quella che non giocherò». Allora approfittate della magia per fare un viaggio dentro di voi e trasformate questa occasione in un'opportunità per voi stessi, indipendentemente dal vostro amore. Prendetevi del tempo per capire se il Paese in cui vorreste trasferirvi vi suscita entusiasmo solo perché lo vedete attraverso la lente del vostro sentimento o se può davvero essere un luogo in cui rimarreste anche se la storia finisse.

Non siate avventati e fate i pendolari per un po': frequentate per qualche tempo il Paese, i suoi abitanti, confrontatevi con le sue abitudini e la sua cultura. Costruitevi, duranti questi soggiorni, una vita che assomigli il meno possibile a una vacanza, ma che abbia anche degli elementi di normalità, con la sua noia e ripetitività. Insomma, se le cose escono dall'ambito dell'eccezionalità si valutano con più lucidità e la scelta diverrà più naturale. Guardatevi attorno, magari potreste anche trovare piccoli lavoretti, compatibilmente con gli eventuali permessi di soggiorno richiesti dallo stato in cui vi trovate e con la vostra situazione lavorativa in Italia. Prima di licenziarvi in tronco, se siete dipendenti, cercate di capire se il vostro contratto prevede periodi di aspettativa, se potete concentrare le vostre ferie in un unico periodo o se avete maturato un certo numero di giorni di permesso. E poi... andate dove vi porta il cuore.

Non è tutto oro quel che luccica

Noi italiani siamo un popolo davvero strano, forse quello più portato a parlare male del proprio Paese e di se stesso. Un atteggiamento che, più o meno, ci accomuna tutti e che, con diverse sfumature e motivazioni, ci ha portati in giro per il mondo, spessissimo con ottimi risultati grazie alla fantasia e all'intraprendenza che, lo si voglia o no, fa parte del nostro DNA. Però, e forse questo aspetto è dell'essere umano in genere, siamo anche portati a pensare che l'erba del vicino sia sempre più verde, che in un altro luogo troveremo occasioni e opportunità maggiori, che la nostra vita all'estero sarà sicuramente più facile e ricca di soddisfazioni. Non è così. Il paradiso in terra non esiste, non esiste un Paese perfetto in cui tutto funziona a meraviglia, i politici non rubano, la burocrazia non mette neanche un bastoncino tra le ruote e lavorare è come andare tutti i giorni in un gigantesco e luminoso parco giochi. Se si delega alla località estera la soluzione dei nostri problemi, se ci si convince che basta espatriare per cambiare vita si pecca, tanto per essere gentili, di ingenuità. Forse il nostro, in questo momento, è un Paese un po' disastrato, ma non è l'unico al mondo. La spinta a migliorare, a crearci condizioni di vita sempre più somiglianti a noi è una ambizione nobile, che ci fa andare avanti. Forse però è bene riflettere sul fatto che è di noi stessi che si sta parlando e non della terra che ci ospiterà. Un'esperienza all'estero restituirà quello che ci avrete messo dentro voi, quello che voi ci avrete investito, e non solo economicamente. Vi consigliamo, se non lo avete già fatto, di guardare uno splendido film: *Nuovomondo*, del regista Emanuele Crialese. È la storia di emigrati siciliani, poveri, ignoranti, senza niente altro che i loro sogni e speranze, che emigrano negli Stati Uniti. Nella loro testa l'America è il luogo in cui tutto è più ricco e grande, più bello. Si nuota addirittura in un mare di latte. Sarà davvero così? Forse no, ma vale la pena di provarci anche se la realtà è ben diversa. Per provarci davvero non basta, però, l'idea che ci facciamo delle cose, questa si deve confrontare con la realtà, fatta di cose belle e cose brutte, a tutte le latitudini. Facciamo solo due esempi. La Thailandia è un posto da sogno, abitato da un popolo pacifico e sorridente. Tutto vero. Purtroppo la Thailandia è anche una delle mete principali di turismo sessuale e di sfruttamento minorile, con la complicità dei thailandesi stessi. Cambiamo latitudini e pensiamo alla Danimarca. Ultimamente se ne parla come di una sorta di stato ideale, felice, con un sistema economico da prendere a modello. Vero. Ma la Danimarca è anche un Paese colpito da un profondo sentimento xenofobo nei confronti dei cosiddetti extracomunitari.

Chiaro il messaggio?

Non dimenticate di fare anche un giro di ricognizione

nel vostro armamentario caratteriale chiedendovi come reagireste, davvero, alla lontananza dalla vostra famiglia e dai vostri amici. Preparatevi ad affrontare anche momenti di fortissima malinconia e nostalgia. All'inizio è tutto elettrizzante, tutto nuovo, avrete talmente tante cose da fare, tanti stimoli da non avere tempo ed energie per pensare e rimpiangere chi è rimasto. Ma quando le cose si saranno assestate, preparatevi a gestire la mancanza che sentirete delle persone care. Non è certo una debolezza, solo qualcosa con cui dovrete imparare a convivere.

Ospiti

La facilità con cui si viaggia, la relativa velocità con cui si può raggiungere ogni angolo del globo, se, da un lato, ha contribuito a poter considerare tutto il mondo come un unico grande villaggio, dall'altra ha reso più difficile sedimentare tutte le informazioni e tutti gli stimoli che dagli spostamenti nascono. Insomma, il mondo sarà anche diventato più piccolo, ma resta pur sempre un crogiuolo di differenze, culture, sensibilità, usanze e costumi. Il fatto di poter raggiungere in qualche ora le splendide spiagge dell'Australia non significa che ci si possa dimenticare di trovarsi comunque in un Paese straniero. Invece, la tentazione di sovrapporre il concetto di ridotta distanza geografica alla tranquillizzante percezione di sentirsi subito a casa propria, è un errore frequente e pericoloso. Una terra straniera, per quanto accogliente, civile, in armonia con le vostre corde sentimentali e caratteriali, resta pur sempre un luogo che vi sta ospitando. E se è abbastanza normale pensare che, quando vi recate a casa di qualcuno non vi sdraiate sul divano mettendo i piedi sul tavolo, dovrebbe essere altrettanto normale aspettarsi che facciate la stessa cosa quando andate all'estero. L'affinità, il sentirsi a proprio agio, non significano che quella sia casa vostra. Il rispetto che si riceve è pari a quello che si offre e dipende dall'umiltà con cui ci si prepara all'incontro con il nuovo. E se nessuno pretende che vi dimentichiate della vostra cultura neanche voi dovete pensare di esportarla e imporla. Il buon vecchio proverbio "Paese che vai, gente che trovi" dovrebbe conservare tutta la sua verità quando si espatria. Questo non significa cancellare la propria identità a vantaggio di quella dell'altro, ma, al contrario, di farle camminare fianco a fianco, magari arricchendole reciprocamente. Sempre, però, in punta di piedi e con educazione. Interessanti, a questo proposito, sono le testimonianze di due nostri connazionali: Pino, da vent'anni a Hammamet e Michele, da una decina in Polinesia. Il primo ci ha raccontato quale sia la profonda differenza tra essere accettato ed essere sopportato. Il secondo ci ha spiegato quanto sia stato fondamentale non approcciarsi alla popolazione polinesiana con gli odiosi stereotipi che costituiscono, spesso, il bagaglio più pesante degli occidentali. Capire e imparare a rispettare la cultura e la particolarità del Paese che ci ospita non vuol dire assumerne, in modo caricaturale, gli atteggiamenti. Se siete italiani, italiani restate e dovete restare, ma senza distinguervi negativamente. Ricordarsi di essere ospiti è un concetto che non dovrebbe avere bisogno di tante spiegazioni. Se lo facciamo è perché, purtroppo, non è così scontato e ancora abbastanza frequente è un atteggiamento, spesso dettato da insicurezza, che porta a dimenticarsene e a pensare di avere molti diritti e un po' meno doveri.

E in Italia cosa si muove?

In Italia, purtroppo, sembra muoversi molto poco, almeno a livello di percezione. Non c'è dubbio che sul nostro sito siano poche le storie di chi è riuscito a cambiare vita rimanendo nei nostri confini. Però, non a caso parlavamo di percezione, perché probabilmente un movimento sommerso, un'erosione carsica all'immobilità, c'è. Per qualcuno l'espatrio è una scelta che non viene neanche presa in considerazione. Non è detto, però, che questo qualcuno non sia travolto dalla voglia, dal desiderio e dal bisogno di cambiamento. Qui entriamo nel campo minato del significato delle parole. È indubbio che per molti dei lettori del nostro sito, cambiamento ed espatrio siano diventati quasi sinonimi. Pensiamo, con ragionevolezza, di poter smentire questa equazione: l'espatrio è solo una manifestazione, forse la più evidente, di un disagio e di una difficoltà oppure un'opportunità, oppure ancora la voglia di cimentarsi con un contesto nuovo, nuove persone. È solo uno dei tanti modi possibili per cambiare.

Quello che ci sembra fare comunque da filo rosso, anche nelle esperienze di cambiamento in Italia, è l'elemento lavoro e quello abitativo. Spessissimo, questi due elementi sono una conseguenza dell'altro. Può verificarsi che sia una nuova dimensione lavorativa a riportare alla luce valori ed esigenze assopite a cui si cerca di rispondere anche trasferendo la propria casa in un contesto diverso da quello urbano. Oppure, può essere un trasferimento in luoghi a contatto con la natura a far nascere il bisogno di immergersi quasi totalmente in essi, creandosi, di conseguenza, un lavoro che vi sia in qualche modo legato. Non pochi sono gli esempi di persone che hanno lasciato il loro impiego, magari anche ben remunerato, per intraprendere un'attività legata alla ricezione turistica o all'agricoltura. Emblematiche al riguardo le storie di Antonello e Primiana. Il primo, ex manager piemontese, decide a un certo punto di stravolgere completamente la propria esistenza, sia professionale sia personale. Lascia tutto e con la nuova compagna si trasferisce nella campagna toscana dove investe tutti i suoi risparmi nell'apertura di un Bed and Breakfast. Diventa padre di due deliziosi bambini e inizia un percorso completamente diverso da quello precedente. In realtà, si trattava di qualcosa che gli frullava per la testa da un po' di tempo. Ciò che mancava ad Antonello era il tempo. Stritolato dai ritmi del lavoro stava cominciando a perdere di vista elementi di vita per lui irrimandabili. Quindi la svolta radicale. Senza precedenti esperienze nel mondo della gestione di strutture turistiche, stravolge la sua esistenza. Adesso lavora tantissimo comunque, ma con la serenità che gli deriva dal fatto di avere trovato una sua autenticità. E ciò che lo rende particolarmente sereno è la possibilità che sta dando ai suoi figli: quella di crescere in un ambiente sano, libero da quelle sovrastrutture di cui anche lui stava per rimanere vittima.

La seconda storia è quella di una brillante professionista livornese, consulente psicologa per privati e aziende che, a un certo punto, decide di assecondare il suo amore per la natura: grazie a una somma ricevuta in eredità, ristruttura un casale nella campagna tra Cecina e Livorno e apre un'azienda agricola con i criteri della permacultura. Primiana avrebbe potuto godersi diversamente la ricchezza ricevuta e invece opta per una scelta più difficile. Gestire un'attività in campo agricolo richiede sacrifici e fatica, ma i risultati arrivano. L'Azienda agricola Delle Macchie, con i suoi corsi di progettazione e realizzazione di colture ecosostenibili, è ora un punto di riferimento e un esempio per tutto il territorio circostante a cui propone un'idea di vita diversa, in armonia con la natura e i suoi ritmi. Un cambiamento che ha coinvolto Primiana nel profondo, mettendola in gioco e in discussione come donna, oltre che come imprenditrice: perché la sua è un'impresa a tutti gli effetti. Le loro storie, leggibili sul nostro sito, raccontano di come, per rivoluzionare la propria esistenza, non si debba necessariamente andare molto lontano dai propri luoghi d'origine o prendere in considerazione l'idea di espatriare.

Gaia e John hanno addirittura fatto il percorso inverso: dall'Inghilterra, dove erano pubblicitari di enorme successo, sono venuti in Italia, sulle colline del Monferrato e hanno aperto un agriturismo in cui svolgono diverse attività quali lezioni di yoga e di cucina. Gaia e John hanno anche scritto un libro dal titolo provocatorio *Ma chissenefrega* in cui, in modo scherzoso, raccontano di come hanno imparato a prendere le distanze da molte di quelle cose che caratterizzavano la loro quotidianità: la fretta, la competizione, le piccole o grandi preoccupazioni che il più delle volte ingolfano le nostre vite. Esemplare è anche la bellissima storia di Denis, giovanissimo della provincia di Udine, che lascia un lavoro a tempo indeterminato con tutto quel che ne consegue in termini di riconoscimento sociale in un luogo come l'ex ricco Nord-est per vivere in mezzo alla natura, in una piccolissima casetta in cui cerca di raggiungere l'autonomia energetica e si impegna a produrre ciò che gli serve per nutrirsi. Una scelta e un progetto di vita al di fuori delle logiche della produttività a tutti i costi, del posto fisso e dello stipendio garantito. Un progetto controcorrente che, non a caso, ha preso il nome di Pecora Nera, diventato ora anche un libro. Denis ha dovuto lottare per non lasciarsi condizionare da una mentalità tutta rivolta alla produttività e al consumismo, ha sentito che doveva vivere in un modo che avesse un impatto diverso sull'ambiente che lo circonda. Scelta per nulla facile, piena di rinunce e di esigenze ridimensionate e di solitudine. Ma la forza di volontà è quella che lo fa andare avanti, con la consapevolezza di avere intrapreso la strada che ritiene più giusta per lui. C'è anche chi ha fatto una scelta a metà strada: Roberta, disegnatrice e illustratrice di libri, continua questa sua attività, non più a

Milano, ma tra le splendide colline delle Langhe, in una cascina in cui produce molto di ciò che le serve per vivere. La completa autosufficienza non è ancora possibile e il suo lavoro da disegnatrice le permette di far fronte a ciò che non può fare a meno di pagare. Però ha ricalibrato i suoi ritmi in una dimensione molto diversa da quella urbana, con un indiscutibile miglioramento in termini di qualità del tempo di vita.

Anche per lei una vita più a contatto con la natura è stata l'esigenza che, a un certo punto, ha funzionato da bussola per farle individuare uno stile di vita più adeguato alla sua sensibilità.

Quando la casa delle vacanze diventa un lavoro

Sì, può succedere anche questo ed è esattamente quanto accaduto a Choul Soo e alla sua famiglia. Padre italiano e madre coreana di nobili ascendenti, Choul Soo, dopo la laurea inizia a lavorare in uno studio di consulenza fiscale. È avviato verso un brillante futuro: un master in Diritto internazionale gli consente di fare subito un'esperienza di lavoro altamente qualificata presso l'Ambasciata d'Italia a Washington. Nel frattempo i suoi genitori aprono stagionalmente, e per brevissimi periodi, la loro casa al mare, consapevoli di quanto, in termini di costi e tempo, prendersene cura stia diventando un impegno troppo gravoso. Choul Soo, proprio in quel periodo, comincia a capire che quella che sta vivendo non è la vita che vorrebbe. Le soddisfazioni professionali non colmano il suo desiderio di vivere in altro modo, meno pressante, meno competitivo. E poi c'è Roma, città che lui ama molto, ma in cui comincia a non sentirsi più a suo agio, con i suoi ritmi, la sua vastità, e la vita frenetica di ogni grande città. E se due più due fa quattro, allora anche la sua insoddisfazione e una casa su uno dei litorali più belli d'Italia possono diventare un buon nuovo inizio. Choul Soo decide di trasferirsi a San Felice Circeo a tempo pieno e il Bed and Breakfast *L'Isola di Eea*, che si staglia con la sua eleganza e il suo bianco lucente davanti al mare, diventa il luogo di lavoro di tutta la famiglia. E in inverno, quando l'attività è chiusa, Choul Soo si gode il mare, le dune, il silenzio e tutta la storia che si respira su quelle rive.

Piccoli imprenditori in rete

C'è anche chi ha dato una svolta alla propria esistenza senza spostarsi da casa, cambiando però lavoro, più esattamente passando da dipendente a piccolo imprenditore, trasformando, con grandi sacrifici, costanza e forza di volontà, una passione in professione e dando così, una svolta alla propria vita. Qui sfatiamo anche il luogo comune, alibi per molti, che per diventare imprenditori ci vogliano molti soldi. Abbiamo trovato testimonianze di persone che, come unico capitale, hanno avuto un grandissima determinazione e, soprattutto all'inizio, semplicemente il loro stipendio da dipendenti, oltre alla consapevolezza che, per cambiare, non basta lamentarsi: bisogna lavorare duro.

A questo proposito abbiamo intervistato Giampaolo Colletti, giovane giornalista, autore di un libro e di un sito chiamato www.wwworkers.it. Di cosa si tratta? Di una raccolta di testimonianze di persone che hanno lasciato il posto fisso per crearsi un'attività in rete o per incrementare il lavoro che già svolgono. La rete, in termini di visibilità e di condivisione di informazioni ed esperienze, rappresenta uno dei mezzi preferiti per rimettersi in gioco e per valorizzare talenti e competenze spesso mortificate da un lavoro dipendente. Sul sito di Giampaolo è possibile trovare moltissime di queste storie che raccontano i passi intrapresi e le difficoltà incontrate. Ciò che le accomuna è il grande e duro lavoro di preparazione che ha preceduto il salto professionale: nessuno di loro si è improvvisato o, tanto meno, ha fatto pericolosi salti nel vuoto. Il rischio di internet è quello di scambiarne la relativa facilità d'uso con la garanzia di riuscita. Non è così. Queste persone hanno agito in maniera molto sensata pur accettando e mettendo in conto i rischi e hanno scommesso su se stesse. Alcune sono riuscite a crearsi delle vere e proprie imprese, altri hanno trasformato una passione in un lavoro che dà loro da vivere; altre, pur non abbandonando del tutto il loro lavoro precedente, stanno creando una piccola attività parallela. La scelta di buttarsi nel mondo del *web* può essere dettata anche da un fattore non secondario, quello economico: aprire, per esempio, un'attività di *e-commerce,* richiede investimenti inferiori rispetto a quelli necessari per iniziare la medesima attività in un luogo fisico, con uffici e magazzino. È quello che ha tenuto a sottolinearci Emanuele, giovanissimo lucano, esperto di marketing, nel suo racconto su come sia riuscito ad aprire, con un socio, il sito www.ilsimposio.eu. Questo non è solo una vetrina per la vendita di prodotti alimentari, ma ha l'ambizione di diventare un luogo, non solo di scambi commerciali, ma di pensieri e di convivialità: un simposio appunto. Emanuele ha attentamente programmato tutto dal punto di vista economico, facendo addirittura un business plan decennale per monitorare ancora più profondamente la sua impresa. Ciò che lo ha spinto è il fuoco sacro imprenditoriale, come lui stesso lo chiama, che da sempre gli brucia dentro. Emanuele ha lasciato un posto fisso che gli dava moltissime soddisfazioni, sia economiche sia professionali, perché tutto quello che aveva non gli bastava. Sentiva, imperioso, il desiderio di creare qualcosa di suo. E così, come ci ha detto lui stesso, ha deciso di buttarsi nel suo progetto senza stare troppo a pensare al momento economico difficilissimo che sta attraversando l'Italia, con una feroce fiducia nella sua idea e nel suo lavoro. Queste storie testimoniano, tutte, un atteggiamento mentale molto chiaro: concentrarsi su un progetto e non sul clima economico-sociale che caratterizza il Paese. Pur consapevoli delle difficoltà, hanno cercato di guardare oltre. Forse sono piccole gocce nel mare, ma esempi di un approccio propositivo e intraprendente. Anzi, forse è stata proprio la stessa crisi ad agire da agente stimolante, costringendo le persone a reinventarsi e a lavorare durissimo, per non rimanere ad aspettare un lavoro che non c'è.

Un paio d'ali e tanta innovazione

In Italia non è solo il *web* a farla da padrone. C'è anche chi crea aziende innovative non in rete, capaci dopo neanche due anni, di dare lavoro a molte persone. È il caso di Angelo e Luciano, due ragazzi di Monopoli. Classe '82 il primo e '83 il secondo. Questi ragazzi hanno fatto un percorso controcorrente, decidendo di investire in Italia, nella loro terra, la Puglia. Quel meridione, così vilipeso, è diventato il teatro della loro impresa, la Blackshape, azienda produttrice di aerei biposto costruiti secondo una tecnologia all'avanguardia. Ricerca e innovazione, sono proprio il punto di forza dell'impresa di questi due giovani che ora continua a crescere e a conquistare clienti in tutto il mondo. I piedi ben radicati in Italia pur con una visione internazionale che, per loro, è ciò che dovrebbe essere la vocazione naturale di un imprenditore. Anche dal loro caso emerge un'etica del lavoro e dell'impegno totalizzante e granitica, eredità culturale delle loro famiglie, in cui la fatica era pane quotidiano. Angelo e Luciano sono riusciti a sfruttare i finanziamenti di due bandi di concorso e con l'aiuto di quello che loro chiamano un *business angel* hanno dato vita alla loro attività. Inizialmente la loro idea era quella di creare mobili di alta qualità. Poi, come a volte accade, la loro scelta, grazie anche alla laurea in Ingegneria di Luciano, si è orientata sulla produzione di aerei biposto. E con la loro Blackshape è proprio il caso di dire che hanno preso il volo: l'azienda continua a crescere e, nonostante si rivolga a un mercato internazionale, la produzione rimane saldamente ancorata alla Puglia, in un'azienda in cui si respira un clima sorridente e giocoso nonostante il duro lavoro, e nella quale Angelo e Luciano lasciano grandissimo spazio alle donne, che occupano – come ci hanno raccontato – cinque tra le sette cariche dirigenziali più importanti.

Imprenditoria femminile

Un'altra realtà che abbiamo conosciuto è WAI, Women Ambassadors in Italy. Di cosa si tratta? Di un'iniziativa nata con il sostegno di Unioncamere Toscana, rivolta all'imprenditoria femminile. Cristina Bertini, una delle organizzatrici ce ne ha parlato e ci ha raccontato di come questa rete di imprenditrici abbia messo a disposizione di altre donne aspiranti tali, tutta una serie di consulenze e servizi per iniziare questo cammino. Ciò di cui si sente il bisogno è proprio una rete di interlocutori che accompagnino, con informazioni precise, corsi e scambi di esperienze, un percorso impegnativo come quello che dovrebbe portare alla creazione di una propria impresa. WAI fa proprio questo: fedele al principio che da soli sia più difficile affrontare qualunque cosa, sfrutta il concetto di rete che fa della condivisione il suo punto di forza. Molte sono quelle che hanno trovato con questa struttura una metodologia per realizzare il loro progetto. Il sito www.womenambassadors.it riporta le mail e le storie delle imprenditrici che hanno messo il loro tempo e le loro competenze a disposizione di altre donne. L'imprenditoria femminile in Italia rappresenta qualcosa di molto vitale, che ha caratteristiche proprie, pur nella profonda diversità delle attività che la compongono: grandi o piccole, tecnologiche o tradizionali, hanno come filo rosso un elemento affettivo molto forte, una componente di cuore sicuramente più forte di quanto non emerga nelle storie di imprenditoria maschile.

Una seconda possibilità

Abbiamo prima accennato al fattore cuore. La storia di Luciana, che di WAI è uno dei membri, ci serve da esempio. Luciana era una manager nel settore bancario. A Milano, dove ha lavorato e vissuto per molti anni, aveva raggiunto posizioni davvero invidiabili. Tanti soldi passavano tra le sue mani e tanti soldi guadagnava. A un certo punto, però, come ci racconta lei stessa, sente che guadagnare così tanto non le basta più. Avverte il desiderio di restituire in qualche forma e condividere tutta la fortuna avuta nella vita. Come? Rientra nella sua Lecce e apre una cooperativa dal nome di Officina Creativa che, con il marchio *Madeincarcere*, dà lavoro ad alcune donne detenute attraverso la produzione di oggetti costruiti con materiale riciclato. La sua idea imprenditoriale nasce sui presupposti dell'inclusione sociale, del riutilizzo e della sostenibilità: una scelta non facile o scontata la sua, con tutte le difficoltà che comporta l'idea di aprire un'attività all'interno di un carcere. Però, grazie a una vitalità e una caparbietà quasi titanica, Luciana riesce a creare qualcosa di davvero speciale, che ora produce anche utili e fa del lavoro un elemento per ricucire non solo manufatti, ma vite difficili: quelle delle donne carcerate che lavorano per lei e che si vedono offrire, così, una seconda possibilità da non sprecare.

Lavorare dove si vuole

Uno dei sogni più ricorrenti delle persone è quello di poter fare un lavoro che non richieda un luogo fisso. Il concetto di nomadismo sta crescendo sempre più, anche in Italia.

Certo non tutti i lavori possono essere svolti ovunque, con un computer e una connessione internet, ma sono molti quelli che, grazie alla rete, si stanno sganciando da una soffocante fissità. Giornalisti, consulenti, formatori, web designer: tanti professionisti hanno trasformato il loro computer nel loro ufficio. È in quest'ottica che nasce www.nomadidigitali.it.

I due fondatori, Alberto e Diego, che noi abbiamo intervistato quando ancora il loro progetto stava subendo gli ultimi ritocchi, hanno creato una comunità ricca di informazioni, notizie, materiale scaricabile gratis, interviste e link utilissimi per dare una mano a chi, con un PC, una connessione internet e tanta fantasia vuole dare una svolta alla propria vita. Il sito, molto ben fatto e curato, non offre comode scappatoie o scorciatoie, ma nasce da una lunga e seria preparazione e lascia ben poco all'improvvisazione.

Sull'onda di un sempre crescente bisogno di nomadismo lavorativo, questo progetto rappresenta una miniera di sollecitazioni su come il mercato del lavoro si stia evolvendo e rivoluzionando anche, giocoforza, a causa della pesante crisi che ci ha colpiti. Fate attenzione, l'attività di freelance in rete non è affatto facile; bisogna avere una professionalità specifica, una creatività spiccata, la capacità di trovare clienti e di ricavarsi uno spazio di visibilità in grado di distinguersi tra gli altri.

Non tutto il male vien per nuocere

Barbara ha quarant'anni e una laurea in Lingue e letterature straniere moderne. Per diversi anni è stata responsabile delle risorse umane in un'azienda del terziario avanzato. Tre anni fa, come ultimamente capita a molti italiani, Barbara perde il posto di lavoro, ma non l'ottimismo e il coraggio. Decide subito di rimettersi in gioco proprio sfruttando non solo la sua esperienza professionale, ma quella recente del licenziamento. Apre così una sua impresa e la chiama Eureka- il lavoro a modo tuo. Cosa fa? Aiuta altre persone che, per scelta o per forza, vogliono reinventarsi professionalmente, insegnando a ciascuno di loro come mettersi in ascolto di se stessi per scoprire le proprie risorse ed esprimerle. Barbara, trasformando un evento negativo in un'occasione propizia e rielaborando al positivo quanto accaduto, è riuscita con la sua impresa a conquistarsi un ruolo da protagonista nel suo mercato di riferimento.

Vita da viticoltori

Fabio il cambiamento lo ha trovato a pochi chilometri da Milano, dove viveva dal 1989. Una vita in movimento, la sua. Abituato fin da piccolo a seguire, insieme al resto della famiglia, gli spostamenti a cui il padre era costretto a causa del suo lavoro, si trova, a un certo punto, davanti a qualcosa di totalmente inaspettato e del tutto non programmato: da tempo suo padre era in cerca di una casetta con un pezzo di terra dove trascorrere i fine settimana e staccare la spina. Così la famiglia scopre Fontanile, in provincia di Asti. È così che Fabio, allora direttore di produzione di un'azienda di abbigliamento femminile, e suo padre diventano proprietari di una cascina da ristrutturare con due ettari e mezzo di vigneto. L'impegno con cui si dedicano a questa terra diventa ben presto a tempo pieno e dopo cinque anni di fatica e sacrifici, nasce finalmente l'azienda vinicola Ca' del Grifone, coinvolgendo e stravolgendo il futuro di tutti i membri della famiglia. Adesso lavoro e vita si fondono in un'unica dimensione, scandita dal contatto con la natura, con i suoi ritmi e i suoi tempi e Fabio continua con entusiasmo l'avventura iniziata quando con suo padre, pur senza nessuna esperienza di viticoltura, presero la coraggiosa decisione di dedicarsi alla terra e ai suoi insegnamenti.

Dal Codice Civile all'aceto balsamico

Questa è la storia di Andrea, classe '74. Dopo una laurea in Giurisprudenza e un percorso professionale che sembrava essere ben avviato, Andrea prende la decisione che avrebbe cambiato la sua vita per sempre: riaprire l'azienda produttrice di aceto balsamico fondata dal padre, morto nel 1994. Andrea è contento della sua scelta, di un lavoro che lo rende protagonista in un campo affascinante come quello delle nostre eccellenze gastronomiche, non ha ripensamenti, nonostante l'impegno richiesto da un'attività che si muove in un mercato non facile. La costanza e la determinazione hanno dato i loro frutti e ora l'Acetaia, questo il nome della sua azienda, esporta più del 70% della sua produzione in America, Cina, Svezia, Giappone, Germania e Inghilterra. Un'impresa, quella di Andrea, che ha i profumi e gli odori dell'Emilia, delle sue nebbie, del suo tempo lento e placido. Il suo, infatti, non è solo un mestiere, è anche un'opera di riscoperta e valorizzazione di tutto un territorio.

Certo la situazione italiana non è particolarmente rosea ma è forse proprio per questo che le storie, che abbiamo raccolto e raccontato, acquistano un valore ancora più esemplare per comprendere come il cambiamento dipenda all'80% da una struttura caratteriale e mentale ben precisa, indipendente dalle condizioni economiche di partenza.

È evidente che a farla da padrone, in Italia, sia una tendenza al recupero di alcuni valori, di stili di vita più sobri e autentici. Dalla nostra esperienza sembra emergere un movimento di maggiore consapevolezza ambientale e una conseguente ricerca di modelli di vita che vadano in questa direzione, anche quando questo comporta abbracciare una vita ridimensionata in termini di consumi o di aspettative. E non si pensi che siano solo persone di una certa età a prendere questo genere di decisioni. Sempre più giovani si stanno interrogando su valori e parametri di realizzazione sociale che, ormai, non soddisfano più il loro bisogno personale di qualità. Una bellissima storia, che proprio di questo ci parla, è quella che ci ha raccontato il regista-documentarista Manuele Cecconello, ideatore e realizzatore del lungometraggio *Sentire l'aria*, storia di Andrea che, giovanissimo, ha scelto di intraprendere la vita del pastore. Natura, sole, pioggia, vento e solitudine sono gli elementi con cui questo ragazzo ha deciso di vivere, confrontandosi con la fatica e con valori e priorità molto diversi da quelli della maggior parte dei suoi coetanei. Diciotto anni, una vita dura. Andrea ha fortemente voluto seguire il suo sogno, assecondando una sensibilità difficile da condividere con altri della sua stessa età. Le sue giornate hanno il ritmo delle campanelle legate al collo delle pecore del suo gregge, della pioggia che batte sulla cerata con cui si protegge seduto su un sasso mentre controlla i suoi animali. Eppure, la felicità gli si legge in volto quando racconta che una delle cose che più ama è chiudere gli occhi, pensare alle cose belle e sentire l'aria, appunto.

L'importanza della cultura

In un Paese in cui, tempo fa, un ministro disse che con la cultura non si mangia, affrontare un capitolo come questo diventa un compito delicato e non privo di sorprese. Sono come tante piccole gocce di un oceano, le testimonianze che ci raccontano di una volontà, spesso feroce, di non demordere e di provare a creare qualcosa che rimetta al centro proprio la cultura. Due storie su tutte, quella di Andrea e quella di Manuele. Il primo, trevigiano, ha messo in piedi un progetto chiamato Il cammino della musica, che accompagna chiunque voglia farsi trasportare in un'esperienza unica e originale, in un percorso di etnomusicologia e antropologia tra suoni e ritmi delle diverse culture e civiltà. Un vero e proprio viaggio in Italia e nel mondo, dal Mediterraneo all'America Latina, durante il quale, uno spettacolo di note e immagini riscopre, racconta e valorizza, tradizioni e culture poco conosciute. Per seguire la sua passione e vivere dei suoi progetti, Andrea ha rinunciato a un lavoro sicuro nell'azienda di famiglia. Non è stato facile trovare finanziamenti e sponsor, ma la passione, non quantificabile certo in denaro, si è rivelata più forte delle difficoltà.

Manuele, invece, è un documentarista piemontese che nei suoi lavori cerca di raccontare realtà ed esperienze di vita molto particolari, a contatto con la natura, in un'ottica di valorizzazione e riscoperta di saperi e terre abbandonate. Il suo ultimo progetto è un documentario dal titolo *Un uomo al suo posto* storia di un uomo che, vent'anni fa, molla tutto per vivere come un titanico eremita ai piedi del Monte Rosa. Giuseppe, questo il nome del protagonista, vive solo in una casa che si è costruito con le proprie mani, affrontando e superando difficoltà inimmaginabili, nel silenzio nevoso della montagna. L'intervista a Manuele è una boccata d'aria fresca, pur confermando che questo tipo di lavoro di inchiesta e conoscenza del territorio non trovi in Italia il carburante che meriterebbe. Nonostante ciò, Manuele persevera nella sua convinzione, che è umana oltre che professionale, e lotta quotidianamente per poter reperire i mezzi necessari ad andare avanti.

Entrambi questi artisti si dibattono nella classica ricerca di fondi che accomuna chi, in Italia, non si rassegna alla generale indifferenza dello Stato rispetto a un patrimonio così prezioso qual è la cultura. E stanno andando avanti.

Esperienze fuori dall'ordinario

Chiariamo subito che questo titolo non è, e non vuole essere, un giudizio di valore su alcune esperienze particolari. Ogni cambiamento di vita è unico e assolutamente personale, vissuto e percepito come qualcosa di diverso da tutti gli altri. Vi sono però scelte che nascono da profondi stravolgimenti interiori, da esperienze personali o sociali che portano a voler rivedere completamente la scala dei propri valori e priorità. Un'esperienza di volontariato, un evento storico che cambia il corso delle cose diventano un punto di svolta da cui cominciare a porsi delle domande. Non c'è nessun sentimento pregresso di insoddisfazione o stanchezza, nessun progetto a tavolino di espatrio, solo la vita che, all'improvviso, ti manda un segnale, impossibile da ignorare anche quando si sa che porterà su strade assolutamente inaspettate e diverse rispetto a quelle percorse fino a quel momento.

È il caso di Antonio. Dopo la laurea in Farmacia, nel 1997 comincia a lavorare nel campo per cui aveva studiato, quello dell'industria farmaceutica, barcamenandosi tra provette e alambicchi. Nel 2004 la sorella lo invita a trascorrere due settimane di vacanza un po' diverse come cooperante in Burundi per l'Organizzazione Non Governativa di cui lei è responsabile amministrativa. Antonio accetta, scoprendo che, con la sua esperienza professionale, potrebbe rendersi estremamente utile in quel progetto sanitario. Dopo aver conosciuto l'Africa, la sua gente, i suoi colori e il suo dolore, la vita di Antonio non sarà più la stessa. Partecipa ad altri progetti come volontario continuando il suo lavoro di farmacista in Italia, ma la mente è sempre altrove. Gli manca qualcosa, si sente costretto in un modo di vivere che non riconosce più. Arriva, quindi, la decisione di partire definitivamente per il Burundi. Adesso Antonio ha una famiglia in questo bellissimo Paese africano e, con la moglie, gestisce un'agenzia che si occupa di turismo etico. La sua è una vita in cui lavoro, impegno sociale e affetti si intrecciano armoniosamente: non mancano fatica e difficoltà, ma tutto viene affrontato con quell'entusiasmo che solo la consapevolezza di essere dove davvero si vuole può dare. Dalle parole di Antonio emerge, quasi con violenza, l'amore per un Paese e la sua gente e la voglia di condividere tutto ciò con altre persone come lui. Contagiato inguaribilmente dal mal d'Africa, è stato costretto a tornare in Burundi dopo aver resistito non più di un anno lontano da quella terra. Nel periodo in cui, rientrato in Italia, aveva ripreso il suo lavoro di farmacista, dalla vetrina del suo negozio non vedeva più le strade su cui si affacciava, ma gli occhi e il sorriso delle persone che aveva lasciato in Africa.

Un'altra storia che ci ha particolarmente emozionati è quella di Barbara. Laureata in Pedagogia, viveva una vita più che tranquilla, senza particolari problemi. Nel 2001 si stava preparando a intraprendere un viaggio in India a cui pensava da tempo. Poi accade qualcosa di assolutamente imprevisto che avrebbe cambiato per sempre il destino di Barbara e del mondo intero: l'11 settembre. L'attentato alle due torri gemelle la sconvolge così tanto che comincia a pensare di dover fare qualcosa per chi non ha avuto i suoi stessi privilegi. Così, contatta un'associazione di volontariato e parte per la Bolivia. Qui comincia a collaborare con un educatore che lavora con i figli dei detenuti del carcere San Pedro di La Paz. Miseria, dolore, emarginazione e tanta ingiustizia sono le cose che Barbara vede ogni giorno e da cui non può più distogliere lo sguardo. L'impegno, diventa sempre più totalizzante e coinvolgente, tanto da convincerla ad aprire una sua associazione con cui continua a occuparsi dei carcerati e dei loro figli. Non è facile il suo lavoro, delicato e, spesso, anche pericoloso. Barbara non potrebbe più non fare ciò che fa, le è impossibile ignorare le ingiustizie e i soprusi che vede tutti i giorni. Il carcere è un microcosmo terribile, difficile, complesso, in cui lavorare, soprattutto per una donna. È il senso di responsabilità che Barbara sente per questi carcerati e per i loro bambini a spingerla a proseguire, al fianco di chi non ha modo per trovare da solo la possibilità di riscatto.

Tanto per rimanere nel campo del volontariato e della cooperazione, non possiamo tralasciare la storia di Luca, giovane romano presidente dell'Associazione Sensacional, che da qualche anno ha deciso di vivere e lavorare a Buenos Aires. L'associazione si avvale della collaborazione di diverse figure senza dipendere da governi o altri grossi investitori stranieri. La volontà è quella di agire in modo indipendente e rapido, cosa difficile laddove si sia costretti ad aspettare i fondi elargiti da ONU, governi o investitori lontani e poco radicati sul territorio. Anche per Luca questo impegno non lascia molto spazio per altro. Lui stesso ci ha raccontato di come non esistano più sabati e domeniche, giorni liberi e notti tranquille. Essere presidente di un'associazione come la sua è anche questo: migliaia di chilometri percorsi su e giù per il continente sudamericano, saper fare qualunque tipo di lavoro, da quello manuale a quello diplomatico per instaurare rapporti e relazioni utili alla vita del progetto. Anche per questo Luca ama dire che chi lavora insieme a lui non solo lavora per Sensacional, ma *è sensacional*. Il sorriso e la serenità che traspare dalle sue parole valgono, però, più di qualunque spiegazione alla sua scelta di vita.

Un altro modo per espatriare

Le storie che abbiamo scelto di raccontare, oltre che per la loro bellezza, ci sono utili per introdurre un argomento che, soprattutto tra i giovani, sta registrando un crescente interesse: il volontariato, un'attività che può costituire un modo diverso per viaggiare, conoscere altre culture e, magari, decidere di rimanere all'estero. Non mancano in Italia associazioni a cui rivolgersi e impegnarsi in progetti di volontariato è qualcosa che, di sicuro, cambiamenti nella vita ne porta eccome. Certo, dipende dagli ambiti di intervento dei diversi progetti, ma è innegabile che, solitamente, queste esperienze mettano a contatto con realtà problematiche, che ci toccano nel profondo. Per chi fosse interessato consigliamo di consultare due siti che si occupano di scambi culturali: si tratta di www.scambieuropei.com e www.wep.org, due realtà nate dall'esperienza di ragazzi che hanno a loro volta partecipato a scambi di questo tipo. Queste si occupano prevalentemente di soggiorni di lavoro e linguistici, stage e scambi scolastici, ma offrono anche opportunità di passare periodi, più o meno lunghi, in progetti di volontariato di diversi tipi. Il volontariato è una soluzione che molti giovani italiani stanno adottando per uscire dai patri confini. Che sia un'esperienza limitata nel tempo o che diventi poi un impegno più coinvolgente, si tratta di una modalità diversa per conoscere il mondo e le sue diverse, e non sempre facili, realtà. Il volontariato è anche utile per imparare a relativizzare molti presunti problemi, per rimettersi in discussione in modo talvolta inaspettato, per cambiare la prospettiva con cui si guarda alla realtà. Ed è, a nostro avviso, un bel cambiamento.

Quando il cambiamento è davvero radicale e fuori dal mondo

Il nostro sito ha, nel tempo, raccolto e condiviso storie di italiani che hanno preso strade particolari, molto al di fuori dei circuiti tradizionali: Paesi lontani e lavori non proprio comuni. Ciò che colpisce di queste storie è proprio l'elemento imprevisto, quel qualcosa che, forse all'improvviso, senza un progetto pregresso, fa fare scelte davvero inusuali.

Sulle orme di Gengis Khan

Questa è la storia di Alfredo, classe 1976, milanese. Da sempre affascinato dalla storia della Mongolia, nel 2007, spinto da una grande curiosità e da un'inquietudine crescente, decide di lasciare Milano e il suo grigiore. Alfredo da tempo avvertiva un senso di insoddisfazione per la mancanza di prospettive di crescita personale e professionale. Una serie di circostanze e occasioni lo hanno spinto ad andare a vivere in un posto lontano, geograficamente e culturalmente, come la Mongolia. Qui, immerso in un mondo completamente diverso da quello che ha lasciato, incontra difficoltà e differenze che, anziché demotivarlo, lo caricano di energia nuova.

Ora vive insegnando italiano all'Università nazionale della Mongolia e organizzando viaggi con la cooperativa Sain Sanaa, fondata con due colleghi mongoli. Oltre a ciò porta avanti programmi di aiuto alle popolazioni locali collaborando con l'associazione italiana Soyombo, che è la stessa con cui, nel 1998 ha conosciuto per la prima volta questo immenso Paese.

Per amore dei falchi

Un'altra esperienza che sa di favola è quella di Antonio. Un'avventura suggestiva nella quale si intreccia passione e storia millenaria. Uno sceicco, appassionato dell'antica arte della falconeria, chiama un veterinario napoletano a dirigere il Dubai Falcon Hospital, primo ospedale al mondo a curare esclusivamente rapaci. Sono i giorni successivi all'11 settembre quelli in cui Antonio sbarca in Medio Oriente dopo aver lasciato la sua clinica vicino a Pozzuoli. Oggi dirige uno staff internazionale di medici e tecnici che, ogni anno, cura più di 1700 rapaci, in una struttura di eccellenza. Gli animali, portati da allevatori, addestratori, persone che semplicemente trovano rapaci feriti, vengono sottoposti alle cure più all'avanguardia. Antonio qui ha trovato il modo per unire la sua professione a una passione dal gusto antico, come quella per la falconeria, testimoniando di come persone molto diverse tra loro possano incontrarsi e condividere saperi, grazie a una passione comune.

Polinesia *mon amour*

Siccome è indubbio che le storie di mare continuino a esercitare un'attrattiva e un fascino unici, vogliamo proporvi la storia di Michele. Una vita più che soddisfacente, una casa e un bel lavoro nel mondo dell'editoria che lo gratifica, anche economicamente, e una grande passione per la barca a vela che coltiva da sempre. Due piccole barche, una a Desenzano e l'altra nel Golfo di La Spezia, sono la sua vita. Il tempo passa, e la voce dell'altrove lo chiama sempre più insistentemente. A un certo punto decide che è arrivato il momento di partire con la sua barca per conoscere nuove culture. Vende tutto quello che ha e forse già sa che la separazione sarà definitiva, comunque vada. Comincia così il suo giro del mondo in barca a vela: Mediterraneo, Canarie, Caraibi, Antille Olandesi, Panama sono i luoghi che fanno da teatro alla sua nuova vita in mare e con il mare. Fino all'incontro con la Polinesia, la sua bellezza e la sua gente. Michele capisce che quello è il posto in cui la sua essenza può finalmente esprimersi. Si avvicina con umiltà e rispetto alla popolazione, imparando a conoscere una realtà molto diversa da quella disegnata dagli stereotipi occidentali. È per far conoscere quella Polinesia che ora organizza crociere con il suo Gulliver, attività della quale potete leggere nel sito www.destinazionepolinesia.it e di cui tiene un bellissimo diario di viaggio nel blog michele-gulliver.blogspot.com. Una storia piena di serenità, amore per questa terra, simbiosi totale con il mare e i suoi linguaggi.

Down Under

Quando pensiamo a un altrove lontano, ma proprio lontano, pensiamo all'Australia. E deve essere quello a cui ha pensato anche Nicola di Asolo. Dopo una laurea e un periodo di lavoro a Milano decide che è arrivato il momento per intraprendere quel viaggio *on the road* da tempo sognato. Qualche preparativo e un biglietto di sola andata sono, con solo mille euro di budget, il bagaglio di Nicola. Il suo viaggio lo porta a vivere e lavorare in una comunità nel disperso Outback australiano, nel Northern Territory, primo italiano a spingersi fino a qui. Un luogo isolato e impervio, in cui mandrie di bestiame e uomini vivono in mezzo a una natura selvaggia e a spazi immensi. Nicola vive una vita in cui tutto scorre lentamente, in cui gli uomini si occupano dell'allevamento e le donne della casa e in cui, come ci racconta lui stesso: «Il sudore si mescola alla polvere rossa e il sole è così tagliente che lacera il viso». E in questo ambiente Nicola fa un viaggio dentro se stesso, interrogandosi sui valori della cosiddetta società civile, trascorrendo i suoi giorni in modo semplice e complesso al contempo. Un percorso *into the wild,* in cui il viaggio viene stravolto da incontri casuali che fanno perdere il controllo dell'itinerario. Anche questo significa voler vivere così.

Tra le pagine di Salgari

Malesia e Borneo, luoghi da favola, mitici e letterari. Se la maggior parte di noi ha sognato a occhi aperti leggendo le avventure di Sandokan e dei pirati della Malesia, alcuni, in questi luoghi, hanno deciso di viverci e lavorarci. È il caso di Luca, siciliano trapiantato in Toscana dove sembrava avviato a una carriera nell'industria farmaceutica. Poi qualcosa comincia ad andare storto e un futuro fatto di provette e analisi di laboratorio diventa per Luca qualcosa di insopportabile. Intanto viaggia in Thailandia, Vietnam e Cambogia. L'amore per quelle terre cresce sempre di più, fino a fargli iniziare a pensare, insieme alla moglie Michela, di poter, un giorno, venire a viverci. Quel giorno arriva, nel 2005, quando, una inaspettata proposta di lavoro, porta Luca a queste latitudini. E il Borneo gli entra sempre più nel sangue con la sua gente e la bellezza mozzafiato della sua natura. Dopo anni di esperienza nel settore turistico inizia un'attività sua, volta non solo a far scoprire il vero Borneo, ma anche a sensibilizzare la popolazione locale alla salvaguardia del territorio. È per questo che nasce Naturalis, un progetto che organizza spedizioni e viaggi a tema nel Borneo e in tutto il Sud-est asiatico.

Portare la cucina italiana a Calcutta

Scelta non scontata, quella di Davide, chef a Calcutta. L'India non è forse uno dei Paesi più gettonati quando si pensa a una nuova vita all'estero, ma Davide, dal 2004 è qui che ha trovato la sua dimensione, professionale e personale, sposando completamento lo spirito di questo posto mistico, affascinante e pieno di contrasti. Calcutta, la città della gioia, come viene chiamata, conserva ancora il sapore *retro* lasciatole dalla dominazione britannica e una qualità di vita, tutto sommato piuttosto buona, in cui si trova tutto e il contrario di tutto. Davide vi approda dopo varie altre esperienze all'estero e ora è Executive Chef in un albergo a cinque stelle. Il suo è un lavoro di responsabilità che consiste nel coordinamento di diverse cucine.

Ora sta però progettando di aprire un ristorante italiano tutto suo, con un lounge-bar in cui suonare musica dal vivo, aiutato dalla moglie indiana che, oltre ad avergli dato tre figli, è anche la migliore DJ di Calcutta.

Perché queste storie? Solo perché sono romantiche, originali e suggestive? Sarebbe troppo facile e disonesto leggerle solo in quest'ottica. In realtà, pensiamo siano una testimonianza di come la vita possa, a un certo punto, prendere strade davvero fuori dai soliti circuiti, geografici o lavorativi che siano. Questo non deve farvi credere che sia facile lasciare tutto e ricominciare.

Non è da tutti, e lo sappiamo, lasciarsi alle spalle una vita intera di affetti, abitudini e punti di riferimento ben precisi. Le difficoltà ci sono sempre e viaggi di quel tipo non si compiono senza una preparazione seria e consapevole. Curiosità, apertura mentale, voglia di scoprire e scoprirsi diversi, capaci di fare cose inaspettate, superare difficoltà che mettono alla prova, ma fanno anche sentire vivi.

PARTE TERZA

Destinazione estero

Queste schede sono una sorta di manuale di istruzioni, uno strumento utile a capire quale sia l'approccio corretto da tenere nei confronti del Paese in cui si sceglie di andare a vivere. Abbiamo fatto una scelta in base alle esperienze raccolte nel sito e che hanno indicato una particolare simpatia verso questi Paesi. Lo scopo è quello di evidenziare le cose da sapere e sulle quali raccogliere informazioni quando si pensa di avere individuato il luogo in cui sperimentare un cambiamento di vita. Una sorta di metodologia da seguire per cercare notizie, ma soprattutto, per capire dove andarle a cercare. Sono tante le pagine da sfogliare per imparare a "leggere" un Paese. Non di tutte si può prendere visione prima di partire, ma di alcune sì e noi abbiamo voluto suggerirvi le principali: come aprire un'impresa, come muoversi sul mercato immobiliare, come espletare tutte le pratiche per ottenere visti e assistenza sanitaria. Il tragitto, però, dovrete sceglierlo voi. I Paesi di cui presentiamo le schede sono sostanzialmente quelli che hanno suscitato le maggiori attenzioni e domande dei nostri lettori per svariati motivi: economici, sociali, geografici o semplicemente percettivi. Sono, cioè, quelli in cui, per sensazione o per concreti dati di fatto, l'espatrio appare come una reale opportunità. In Europa sono Germania, Inghilterra e Norvegia (ne parleremo subito dopo le schede relative ai diversi continenti) le nazioni in cui, vuoi per cultura, vuoi per clima sociale, vuoi perché più meritocratici, sembrano esserci le opportunità lavorative maggiori. Mercati più dinamici, forse flessibili, ma, sicuramente, molto più disponibili a riconoscere il valore delle persone e la loro voglia di mettersi in gioco. Ciò non significa che qui la vita sia facile, significa che potrebbe esserci però più corrispondenza tra competenze, buona volontà e risultati conseguiti. USA e Canada sono stati scelti perché molti nostri connazionali ci hanno testimoniato di condizioni di civiltà e senso civico che da noi si sono un po' smarriti. Si tratta di Paesi in cui la parola *cittadino* pare avere ancora un senso, indipendentemente dalla nazionalità di chi vi arriva. In questi Paesi nessuno ti regala nulla, ma le occasioni, quanto meno, ti vengono date. Lo stesso vale anche per un luogo come l'Australia, un Paese che, dalle parole di chi ci vive, appare davvero come la nuova frontiera, con tutto quel che ne consegue in termini di entusiasmo e fervore. Il Brasile e la Repubblica Dominicana li abbiamo scelti, forse più banalmente, perché sono quelli in cui vivono molte persone che abbiamo intervistato e perché continuano a suscitare sogni e fantasie e perché sono quelli che, più naturalmente, quasi fisiologicamente, portano con sé l'idea del cambiamento di vita. La Thailandia è entrata nella nostra personale *top ten* essendo tra i paesi del Sud-est asiatico, quello in cui ci sono più possibilità di fare impresa per gli occidentali e per gli italiani. La Thailandia è un luogo in cui il turismo e l'industria dell'import-export rappresentano settori in espansione per i quali gli italiani dimostrano una certa predisposizione e abilità. *Last but not least,* il Sudafrica: Paese che sembra essere stato scoperto con i Mondiali di calcio e che sta facendo registrare un interesse nuovo e per nulla scontato. Un Paese che sta cambiando ed evolvendo e che unisce in sé bellezza, cultura ancestrale e innovazione.

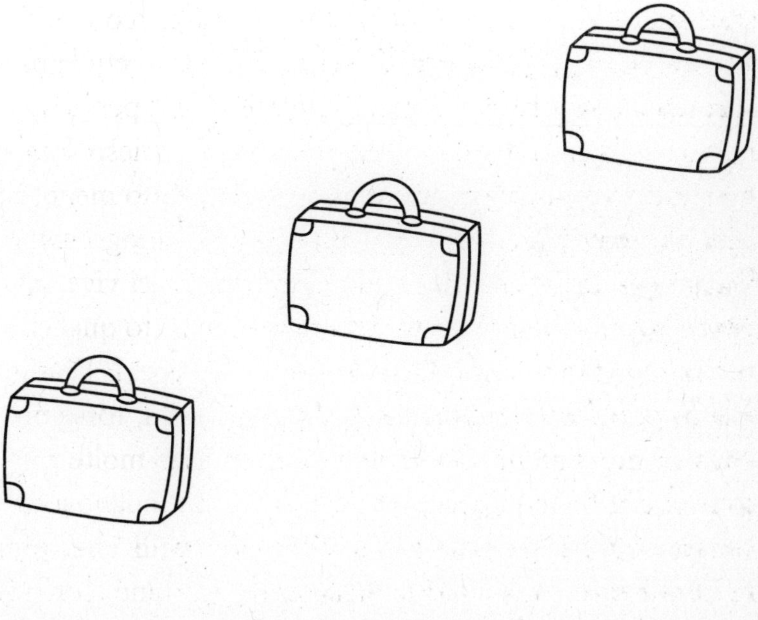

Australia

Tra modernità e grandi spazi

L'Australia è forse il luogo che più di ogni altro stuzzica la fantasia dei potenziali nuovi moderni migranti. Con il suo stile di vita dinamico e moderno e le sue infinite bellezze naturali, l'Australia esercita un fascino indiscutibile che difficilmente delude chi, avendo in progetto di trasferirsi all'estero, scelga di rivolgere verso questo Paese, agli antipodi del mondo, la barra del timone.

Una volta arrivati, però, nulla deve essere lasciato al caso. L'Australia è pronta ad accogliervi, ma spetta a voi valorizzare le vostre competenze, adattarvi al mondo del lavoro, capire i codici della convivenza civile. Non si improvvisa un espatrio in questo immenso continente. Il consiglio, sempre valido, ma in questo caso in modo particolare, è quello di recarsi in avanscoperta per una vacanza, magari più di una volta, per valutare con ponderatezza la fattibilità di un trasferimento definitivo.

Con i suoi venti milioni di abitanti sparsi su un territorio di 7,6 milioni di metri quadrati, l'Australia è il Paese con maggior spazio libero e chilometri quadrati disponibili per abitanti del mondo. La maggioranza delle persone si concentra nelle città costiere: Sidney, Melbourne, Perth, Cairns, Adelaide, Brisbane e la capitale, Canberra. L'Australia è una monarchia parlamentare, a capo della quale viene nominato un primo ministro. Il Paese, che fa parte del Commonwealth, è suddiviso in diversi stati e territori, ognuno con il proprio Governo.

Il Paese dei canguri e dei grandi spazi stupisce chiunque per i suoi forti contrasti: megalopoli ultramoderne, come Melbourne e Sidney, si alternano a terre selvagge dove ancora regna lo spirito pionieristico. Paesaggisticamente sontuosa, l'Australia possiede veri e propri tesori naturali, tra cui citiamo il famoso *Outback*, la zona selvaggia dalla caratteristica terra rossa nella regione centrale, la Tasmania, le immense spiagge del litorale.

Anche gli amanti della natura potranno trovare il loro eden naturale in metropoli come Sidney, Melbourne, Adelaide e nel Queensland, dove è possibile entrare in contatto con il mondo aborigeno e di osservare da vicino la testimonianza vivente e di prima mano delle origini di questo immenso posto. Nell'immaginario comune, l'Australia rappresenta un po' quello che rappresentava il West americano un secolo fa e bisogna ammettere che il testimone sia finito nella terra forse più adatta a raccoglierlo.

Tra le città australiane, ognuna dotata di una forte personalità propria, pur non essendo la capitale, Sidney, è la città più popolata. Modernità e tradizione si intrecciano in quella che può essere considerata la città fulcro dell'economia nazionale oltre che la più antica del Paese, essendo stata fondata dagli inglesi nel XVIII secolo. L'immagine che tutti forse hanno davanti agli occhi è quella della superba baia della città dove svettano due monumenti iconici: la Sidney Opera House e l'Harbour Bridge. Melbourne, la capitale dello stato di Victoria, è la seconda città australiana in termini di popolazione ed è la più cosmopolita. Molti sono gli europei che si ritrovano a vivere nelle pance dei suoi grandi e modernissimi grattacieli. La mescolanza culturale che ne risulta dà luogo a un'atmosfera particolare che si percepisce in molti dei suoi quartieri tipici, contraddistinti per nazionalità: il quartiere greco a Lonsdale Street, quello cinese a Chinatown, l'italiano nell'aria di Carlton. Lo stesso mix si ritrova nell'architettura della città che alterna edifici vittoriani del XIX secolo a grattacieli dalle altezze vertiginose. Spiagge e parchi verdissimi completano il panorama. Il Queensland è un gigantesco stato ubicato nell'est del Paese ed è la sede di una delle meraviglie del mondo: la Grande barriera corallina. Non possiamo poi non menzionare la maestosa foresta tropicale di Daintree, la Whitehaven Beach, bellissima spiaggia bianca e l'arcipelago che ospita l'isola di Whitsunday Islands con le sue spiagge ancora vergini.

Vademecum per l'espatrio

Sistemate prima di tutto la questione linguistica. Non pensate assolutamente di trasferirvi qui senza una più che discreta dimestichezza con la lingua ufficiale, l'inglese. Questo è un suggerimento caldamente consigliato anche dal sito dell'Ambasciata d'Australia, quindi, più che attendibile.

Poi occupatevi dei visti. L'argomento è complesso e delicato. Anche soltanto per un viaggio turistico esistono diversi tipi di visti. Quello classico, l'Electronic Travel Authority, vale tre mesi e si ottiene presso un'agenzia di viaggi, una compagnia aerea o un ufficio di rappresentanza del Paese in Italia. Se prevedete, invece, un soggiorno più lungo o necessitate di un visto lavorativo, la cosa si complica notevolmente. L'ideale è rivolgersi all'esaustivo sito del Governo australiano (www.immi.gov.au) e, prima di partire, all'Ambasciata d'Australia a Roma (www.italy.embassy.gov.au/romeitaliano/home.html). Per tastare il terreno, comunque, potete pensare di partire con il programma vacanza-lavoro. Questo vi permetterà di vivere in Australia massimo dodici mesi e dà la possibilità di lavorare per sei mesi nella stessa impresa, di seguire un corso di formazione o di fare turismo lavorando. I requisiti richiesti sono: risiedere fuori dal Paese al momento della richiesta, avere tra i diciotto e i trenta anni, non avere figli a carico ed essere titolare di un passaporto emesso da uno dei Paesi facenti parte di una determinata lista, tra cui c'è l'Italia.

Sappiate comunque che per l'ottenimento di alcune tipologie di visto, soprattutto quelli che permettono di esercitare un lavoro qualificato, è necessario dimostrare l'ottima conoscenza dell'inglese. In questo caso vi sarà richiesto un test IELTS (International English Language Testing System).

Una volta ottenuto il visto è necessario informarsi sull'iter necessario a ottenere il TFN (Tax File Number), una sorta di codice fiscale con cui iscrivervi all'ATO (Australian Taxation Office). Il modo più semplice per eseguire queste operazioni è accedere al sito: www.ato.gov.au, e fare tutto via internet.

Un successivo passo sarà quello di registrarsi all'assistenza sanitaria. Il sistema sanitario australiano funziona e funziona bene: sia quello pubblico che quello privato. La più importante tra le reti di gestione di questo servizio è il Medicare, un vero e proprio network di servizi e assistenza sulle visite specialistiche totalmente gratis o parzialmente a pagamento. Registrarsi a questa rete è una delle prime cose da fare appena arrivati in Australia. Sia che siate soli o con la famiglia e in base al tipo di lavoro, potrete avere delle deduzioni fiscali e usufruire di diversi tipi di tariffazione. Recatevi, dunque, in uno dei tanti uffici di Medicare con il passaporto e il visto e nel giro di tre settimane al massimo, sarete in regola anche su questo versante. Per avere informazioni dettagliate consultate il link www.medicareaustralia.gov.au. Nella sezione Information Kit (redatto in diciannove lingue) del sito troverete una serie di informazioni sui servizi e sulla documentazione richiesta per usufruirne.

La valuta del Paese è il dollaro australiano (AUD). Includete tra le priorità anche quella di aprire un conto bancario. Se lo farete entro sei settimane dal vostro arrivo, infatti, vi sarà sufficiente il passaporto come documento identificativo. Trascorso questo lasso di tempo, invece, vi saranno richiesti dei documenti aggiuntivi, come un giustificativo di domicilio. Tra i siti utili segnaliamo quello della National Bank, quello della banca HSBC e quello della Australian Bankers Association.

Non fatevi intimorire da tutta questa serie di complicazioni burocratiche. Il Governo australiano vi supporterà fornendovi tutte le informazioni e l'assistenza di cui necessiterete, soprattutto tramite internet. Il Dipartimento dell'immigrazione, pubblica in PDF, un vademecum più simile a un libro che a un opuscolo informativo, intitolato *New life in Australia*. Tradotto in più di trenta lingue, vi troverete tutto, ma proprio tutto, quello che vi serve sapere, sia dal punto di vista legale, sia dal punto di vista pratico. Usate questi strumenti informatici perché, grazie all'accuratezza delle indicazioni, risparmierete tempo prezioso e scomodi imprevisti.

Vivere e lavorare in Australia

Trovare casa in Australia non è semplicissimo e nemmeno particolarmente a buon mercato. A incontrare le difficoltà più significative saranno i nuclei familiari numerosi e coloro che ricercano una sistemazione a lungo termine. La maggior parte degli affitti ha una durata media che va dai sei mesi a un anno ed è sempre meglio tutelarsi firmando un contratto scritto con un vero valore legale. Piccolo accorgimento: dal momento che le penali per una rescissione anticipata del contratto sono molto alte, è meglio non impegnarsi per un periodo di tempo più lungo di quanto non sia necessario. In genere viene richiesto un mese di affitto anticipato e una caparra che, di solito, è più alta dell'affitto mensile. Se fate tutto tramite un'agenzia, la caparra viene versata in un deposito a parte e restituita quando lasciate la casa: sempre che la casa venga lasciata nelle stesse condizioni in cui è stata trovata. Maggiori informazioni sugli affitti le trovate sul sito: www.accc.gov.au. Per darvi un'idea dei prezzi attuali a Sidney, una casa con tre camere va dai 2300 ai 5000 euro al mese, per un appartamento di 100 mq preparatevi a sborsare tra i 1500 e 4500 euro, mentre per una casa con una sola camera da letto la cifra si aggirerà intorno ai 1170 euro.

Per acquistare, le procedure sono più o meno simili a quelle italiane con la differenza che qui vi sarà richiesto di essere registrati all'Australian Government First Home Owner Grant e di essere in possesso di un visto, anche solo temporaneo, di lavoro. Per ulteriori informazioni consultate il sito www.firsthome.gov.au. Uno dei portali più affidabili per l'acquisto e affitto di immobili è invece www.realestate.com.au.

Il mercato del lavoro australiano è sicuramente dinamico, ma estremamente competitivo. La facilità con cui si trova un impiego dipende, ovviamente, dalle vostre specifiche capacità e dalla tipologia che state cercando. Ogni residente in Australia può decidere di iscriversi al Job Services Australia: una rete di organizzazioni, private e non, che, con la sovvenzione del Governo, aiuta le persone nella ricerca di un'occupazione. Oltre a questo, avrete assistenza anche per quanto riguarda la formazione, l'aggiornamento e la stesura del curriculum. Il sito da consultare è www.centrelink.gov.au. È importante che le qualifiche di studio o professionali di cui siete in possesso siano riconosciute legalmente. Questo faciliterà la ricerca e l'ottenimento di un lavoro. Per avere informazioni in merito consultate il sito www.deewr.gov.au/tra e la guida online www.employmentguide.com.au. Tra i siti dove vengono pubblicate le offerte di lavoro segnaliamo: www.bestjobsau.com, www.adecco.com.au, www.seek.com.au, www.mycareer.com.au, www.jobsearch.gov.au, www.nowhiring.com.au.

Consigliamo comunque di consultare l'Ambasciata d'Italia ubicata nella capitale (www.ambcanberra.esteri.it/Ambasciata_Canberra) per avere informazioni aggiornate sui diversi tipi di contratto, i diritti che ne conseguono e, soprattutto, per sapere quanto tempo e quante ore al giorno potete lavorare in base al tipo di visto che avete ottenuto.

Per il resto possiamo dire che, sebbene la crisi in Australia si sia fatta sentire meno che altrove, nel 2010 si è registrata una leggera contrazione dell'offerta di lavoro, ma si sta già assistendo a una certa ripresa.

Il Governo australiano ha un atteggiamento molto favorevole rispetto agli investimenti stranieri. Le leggi e i regolamenti in materia rendono questo Paese attivo e ricettivo rispetto all'innovazione e alle nuove attività. Un mercato dinamico e aperto, che può contare su un attivo interesse da parte delle autorità, costituisce un terreno tra i più fertili per le opportunità imprenditoriali. Tenete presente che stiamo parlando di un vero e proprio continente. Fate dunque riferimento ai siti ufficiali per captare il massimo delle informazioni possibili. Oltre a consultare la Camera di Commercio italiana (www.italianchamber.net.au/italiano/intro/), guardate il sito www.austrade.gov.au/Invest/Doing-business-in-Australia per avere un quadro chiaro della situazione. Potete scaricare in PDF diversi documenti contenenti leggi e regolamenti governativi. È innegabile che, a livello di informazioni in rete, il Governo australiano sia assolutamente all'avanguardia. Perché non approfittarne?

Vivere da pensionati in Australia

Esiste addirittura un sito specifico dedicato ai pensionati che intendono trascorrere un periodo di tempo della loro vita in Australia (www.skillclear.co.uk/australia/retirementVisa.asp). Se siete over cinquantacinque e avete i mezzi economici sufficienti, potete richiedere l'Investor Retirement Visa, visto che vi permetterà di risiedere in Australia per un massimo di quattro anni.

Ricordatevi che per quanto riguarda l'assistenza sanitaria, potrebbe essere necessario acquistare un'assicurazione privata e verificate, contattando l'Agenzia delle Entrate in Italia e il patronato ACLI locale, l'ammontare delle tasse dovute.

I siti/blog che parlano italiano

Un articolo recentemente pubblicato su «Il Fatto Quotidiano», metteva in evidenza come il numero continuamente in crescita degli italiani che negli ultimi due anni hanno preso il volo verso l'Australia, potesse far parlare di un vero e proprio esodo. Di pari passo sono nate, o si sono perpetrate e consolidate, le associazioni e le pubblicazioni online degli italiani che da laggiù danno una mano ai connazionali che intendano seguire il loro esempio. Ecco una breve carrellata: www.melbournepuntoit.com, www.coasit.com.au (sito a cura di un'associazione sovvenzionata dai governi di entrambi i Paesi), www.ilfaro.org (sito che offre una gran mole di informazioni e servizi a cui si può accedere solo versando un piccolo contributo di poche decine di euro), www.filef.org (sito della storica associazione di italiani in Australia), www.italiansinfuga.com/category/australia (pagina web specializzata su Melbourne e dintorni).

Brasile

Il Brasile dell'*effetto Lula*

Se qualcuno prevedeva che l'*effetto Lula* – termine coniato in riferimento al presidente brasiliano che, con le sue scelte politiche, ha fatto fare al suo Paese un notevole passo in avanti – scemasse dopo il suo addio al ruolo di guida della nazione, ha certamente perso la scommessa, smentito dalla realtà. Le cifre parlano chiaro: con la sua popolazione di centonovanta milioni di abitanti e un territorio che occupa il 40% dell'intero Sudamerica, il Brasile è la sesta potenza economica nel mondo lanciata, se non ci sono sorprese, a occupare il quinto posto nel 2030, dopo Stati Uniti, Cina, Giappone, Germania. In più, essendo riuscito a presentare una candidatura vincente per l'organizzazione della fase dei Mondiali di calcio del 2014 e dei Giochi olimpici del 2016, ha potuto già mettere a punto un programma di investimento per la realizzazione di nuove infrastrutture pari a circa 70.000 milioni di dollari. Sono queste le carte che il Brasile si sta giocando, e bene, in questi anni.

Chi decidesse di ripercorrere le orme di circa un milione

e mezzo di italiani che intorno alla fine dell'Ottocento, pur se in ben diverse condizioni, espatriarono in Brasile, è bene che raccolga una serie di notizie utili a conoscere un Paese che non è solo le sue favolose spiagge. Il Brasile è una repubblica federale, dotata di un territorio immenso, ricoperto per più del 40% del totale dalla foresta amazzonica e diviso in ventisei Stati, ai quali si aggiunge il Distretto Federale della capitale: Brasilia. Oltre a questa, le città più densamente popolate (insieme ospitano l'80% della popolazione) sono quelle dislocate sul litorale: Rio de Janeiro, San Paolo, Recife, Salvador de Bahia e Porto Alegre.

Il nordest è caratterizzato dalla presenza delle grandi *fazendas*: immense piantagioni di canna da zucchero, cacao, cotone segnate da una profonda disparità economico-sociale (l'1% dei proprietari detiene il 45% della terra). Qui le poche industrie sono concentrate nelle città costiere di Salvador, Recife, Fortaleza, ma non in modo sufficiente da contrastare il sottosviluppo dell'area.

È per questo motivo che, nonostante la promessa di una ridistribuzione di terre da parte dell'ex presidente Luiz Inácio Lula da Silva, la cui realizzazione sta richiedendo tempi lunghissimi, esiste una forte emigrazione interna da questa regione verso il sud-est dove, in molti, finiscono per andare a ingrossare le fila degli occupanti delle *favelas* di Rio e San Paolo.

È qui che sta il cuore economico del Brasile. Questa è una regione prettamente agricola, in cui il caffè (di cui il Brasile è il primo produttore al mondo) da sempre funge da traino per l'economia dell'intero Paese, seguito poi dallo zucchero e dagli agrumi. Con le metropoli di San Paolo, Belo Horizonte e Rio de Janeiro, questa zona da sola sforna il 70% della produzione industriale, in particolare di quella siderurgica, tessile e agroalimentare. Anche per quanto riguarda lo sviluppo terziario, si deve segnalare una netta differenziazione in positivo con il resto della nazione.

Il sud è il secondo grande motore economicamente propulsivo del Paese, grazie soprattutto alla notevole produzione di elettricità, resa possibile dalla costruzione della più grande diga idroelettrica del mondo, Itaipu. Porto Alegre è la sua città principale.

Il centro est, confinato tra gli spazi pionieristici del nord e le zone più economicamente sviluppate, ospita la capitale Brasilia ed è specializzato nell'allevamento intensivo del bestiame e nella coltivazione della soia (la zona del Mato Grosso ne è il secondo produttore a livello mondiale).

Resta l'immensità della foresta amazzonica al nord, diventata territorio di conquista a partire dagli anni Settanta. La sua messa a valore (o la deturpazione, a seconda dei punti di vista) è iniziata con la costruzione di strade, lo sfruttamento delle risorse naturali, la ricerca di prodotti minerari (ferro e altri metalli preziosi). Contemporaneamente sono sorti i primi nuclei urbani: Manaus (con circa 1,5 milioni d'abitanti) e Belem. Naturalmente, con l'abbattimento degli alberi di questa foresta millenaria è iniziata la distruzione parziale di un ecosistema unico e irripetibile e, non da ultimo, dell'*habitat* delle poche tribù di aborigeni che vi abitano, in barba alle leggi che fino ad allora ne garantivano la protezione e la sopravvivenza.

Una cosa è certa, sebbene il destino di questo Paese – grande quasi come un continente – sia quello di essere sempre più presente sulla scena economica mondiale, alcuni nodi fondamentali restano irrisolti. Il Brasile è la nazione con il più alto livello di disuguaglianza sociale del mondo, basti pensare che soltanto il 10% della popolazione concentra nelle proprie mani il 47% del reddito complessivo, che il 30% dei brasiliani dispone di meno di 2 dollari al giorno per vivere, che un sistema d'istruzione pubblica, di qualità e alla portata di tutti deve ancora vedere la luce.

Per la prima volta nella sua storia, comunque, è guidato da dirigenti socialisti che si sono impegnati, seppure con la lentezza dovuta all'immensità dell'opera, a ridurre queste disparità sociali: una bella sfida per il futuro.

Vademecum per l'espatrio

Il bagaglio linguistico è naturalmente importante quando si pensa di andare a vivere in un altro Paese. Il portoghese è la lingua ufficiale del Brasile e prepararsi alla partenza con un corso di lingua è sempre consigliabile. Per una prima visita in Brasile, che servirà anche a farsi un'idea più precisa del posto nel quale si vorrebbe vivere, basterà avere un passaporto in regola, possedere un biglietto aereo di andata e ritorno, dimostrare di avere denaro sufficiente per la permanenza (circa 68 euro al giorno), mostrare la prenotazione dell'hotel pagata o la dichiarazione di un eventuale ospitante. Per il momento resta valido il principio della reciprocità secondo il quale gli italiani non hanno bisogno di visti turistici e possono soggiornare nel Paese fino a un massimo di centottanta giorni (con possibilità di proroga) nell'arco di un anno. Siccome le normative possono cambiare facilmente, i primi indirizzi utili a cui rivolgersi sono l'Ambasciata d'Italia (www.ambasciatadelbrasile.it) e il consolato a Roma o Milano (www.consuladobrasilroma.it, www.brasilemilano.it).

Se l'idea è quella di stabilirsi in modo permanente, tenetevi pronti: la burocrazia è elefantiaca e la varietà e quantità di visti, tra temporanei e permanenti, impressionante. Dal sito del ministero delle Relazioni Esterne, potrete scaricare un PDF che elenca tutte le possibili opzioni (www.portalconsular.mre.gov.br). Naturalmente vi converrà partire già preparati dall'Italia, rivolgendovi ad ambasciata e consolati. Vista la mole di documenti da produrre e la non facile reperibilità delle informazioni, è molto in voga, ma allo stesso tempo oseremmo dire anche indispensabile, rivolgersi in loco ai cosiddetti *Despachantes:* uffici di consulenza disseminati in tutto il Paese che aiutano a sbrogliare questa matassa di pratiche. La cifra media da prevedere è di circa 1500 euro a consulenza. Si trova online la guida completa degli uffici disseminati in tutto il territorio: www.despachantesdobrasil.com.br/.

Sul fronte sanitario, come lavoratori dipendenti, dovrete obbligatoriamente essere iscritti al Fondo di Assicurazione Sociale dello stato e al Fundo de Garantia do tempo de servicio (www.bb.com.br). La trattenuta sullo stipendio per poter usufruire dell'assistenza sanitaria pubblica è pari all'8%. Moltissimi stranieri però preferiscono ancora stipulare un'assicurazione privata: pur se in netto miglioramento, il servizio pubblico, in particolare lontano dai grandi centri urbani, presenta ancora alcune carenze. Strutture di eccellenza si trovano soprattutto nelle città di San Paolo e Rio de Janeiro e mettono a disposizione, tra l'altro, personale anglofono. Il costo di un'assicurazione sanitaria privata ammonta a circa 2000 euro l'anno. I siti locali da consultare per modulistica e informazioni sono: www.previdenciasocial.gov.br e www.portal.mte.gov.br. Esiste anche un sito, elaborato da italiani residenti in Brasile, molto più snello, che dà informazioni utili per questa e altre tematiche relative all'espatrio: www.justlanded.com.

Prima o poi avrete anche la necessità di aprire un conto in banca. La moneta brasiliana è il reais (BRL) che, da qualche tempo, garantisce una certa stabilità. Per farlo non scartate l'ipotesi di rivolgervi a eventuali succursali della vostra banca italiana in Brasile. Se pensate, invece, di fare base presso una delle principali banche del Paese, vi segnaliamo Banco do Brasil e Caixa Econômica Federal, di proprietà dello stato. Vi sono poi Banco do Estado de Sao Paulo (partecipato dal Santander, Banco Itau, Banco Bradesco.

Vi saranno richiesti requisiti molto particolari. È imprescindibile, per esempio, presentare una busta paga, cosa non così semplice almeno per i primi tempi. Trasferire denaro da un capo all'altro del mondo può prendere molto tempo a causa dei numerosi controlli. Informatevi bene presso l'istituto bancario prescelto su quali siano le condizioni per il cambio di valuta. In ogni caso, i documenti necessari per l'apertura di un conto corrente sono: visto temporaneo (per una validità di almeno dodici mesi) o visto permanente; passaporto; RNE (la carta d'identità per i residenti stranieri); CPF (una sorta di codice fiscale); un documento che certifichi la residenza in Brasile.

Vivere e lavorare in Brasile

L'acquisto di proprietà immobiliari da parte di stranieri è fortemente incoraggiato dal Governo e quindi non vi sono restrizioni particolari per chi intenda investire nel mattone in maniera redditizia, anzi. Oltre ad approfittare, dunque, degli interessanti sgravi fiscali garantiti ai non residenti, potrete contare su un mercato immobiliare che, a quanto dicono gli esperti, è in crescita. Tra le regioni in grande espansione, il nord-est e gli stati di Bahia, Alagoas, Pernambuco.

Nelle grandi città i prezzi sono, senza dubbio, più alti, ma pur sempre molto competitivi se paragonati a quelli di Europa e Stati Uniti. Bisogna considerare un prezzo medio di acquisto pari a 2500 euro/mq. Parlare di prezzo medio per un Paese tanto immenso può essere veramente molto fuorviante, quindi ogni bene immobiliare andrà valutato in funzione dei canoni classici: tipologia, posizione, città, zona. Per quanto riguarda l'affitto, invece, per un appartamento sicuro, ben sistemato – magari con piscina e terrazza – a San Paolo si può spendere dai 365 agli 800 euro. Qui, come nell'altra megalopoli del Paese, Rio De Janeiro, le possibilità abitative sono, nonostante il costo più elevato, comunque molteplici: si va dalla camera in condivisione ai *condominios*, i più gettonati dagli stranieri. Quest'ultimi, infatti, offrono residenze protette da mura video-sorvegliate ventiquattr'ore su ventiquattro a costi, naturalmente, un poco superiori alla media. Per la ricerca di alloggio spulciate i giornali di annunci, i siti web oppure recatevi da un agente immobiliare, meglio se certificato dal Consiglio regionale degli agenti immobiliari. Tra questi: www.crecisp.gov.br (Creci è l'albo degli agenti professionali); www.c21.com.br/, www.zap.com.br, www.classificados1.folha.com.br, www.classificados-brasil.com, www.easyquarto.com.br (per annunci di appartamenti in condivisione). Consultare anche: www.imobrasil.com, www.imovelweb.com.br, www.wimoveis.com.br e www.portal.mj.gov.br, equivalente al nostro catasto.

Come detto, quindi, in città come Brasilia, San Paolo, Rio de Janeiro la vita è più cara, ma, di contro i salari sono più elevati. I settori più dinamici e in cui è più facile trovare un impiego sono quello tecnologico, informatico, della comunicazione e della ristorazione. Segnaliamo di seguito alcuni siti da consultare per la ricerca di un lavoro. Il più importante, in termini di aggiornamento e affidabilità, è quello governativo del Sistema Nacional de Emprego (www.sigaeweb.mte.gov.br), ma ce ne sono anche altri che meritano di essere consultati: www.empregobrasil.org, www.catho.com.br, www.adecco.com.br/, www.manpower.com.br, www.vagas.com.br_www.apinfo.com (per chi cerca lavoro nell'informatica), www.curriculum.com.br/, www.monster.com.br/. Come per ogni Paese, restano validi gli annunci sui quotidiani e le testate online.

La maggior parte degli italiani che si sono trasferiti qui ha creato una propria impresa. Tanto per iniziare, i siti governativi da consultare sono: www.brasilglobalnet.gov.br, www.portaldoempreendedor.gov.br. Sono entrambi legati al Governo, quindi in grado di fornire tutte le informazioni ufficiali a riguardo.

Il consiglio dei numerosi migranti italiani è, infatti, quello di rivolgersi alle autorità competenti, piuttosto che fidarsi del fai da te o, ancora peggio, mettersi nelle mani di sedicenti esperti privati sebbene parlino la nostra lingua. Come si dice, fidarsi è bene, ma non fidarsi è meglio, soprattutto se si naviga in acque poco conosciute. Non dimenticate che potete pur sempre far riferimento alle autorità italiane, in particolar modo alla Camera di Commercio brasiliana in Italia e quella italiana in loco (www.ccib.it, www.camaraitaliana.com.br). Aprire un'impresa richiede un tempo che può variare molto a seconda della zona e del ramo di attività. Bisognerà valutare caso per caso. In generale, però, i primi passi da fare sono: registrare l'attività presso la Junta Commercial per poter essere inseriti nel Registro del Commercio; iscrivere l'azienda alla Receita Federal e alla Secretaria da Fazenda Estadual per entrare a tutti gli effetti nella categoria dei contribuenti; iscriversi alla Previdência Social al fine di avere tutte le licenze per iniziare a lavorare. Il visto, in questo caso – ma anche in quello di un lavoratore dipendente – dovrà essere richiesto partendo dal sito del Governo brasiliano, www.portal.mte.gov.br. Di seguito un'anticipazione delle principali pratiche da sbrigare: compilare il Formulário de Requerimento de Autorização e il Formulário de requerente e do candidato; produrre un atto legale che certifichi la vostra persona giuridica da registrare alla Junta Comercial (se invece siete dipendenti dovrete pagare la Guia de Recolhimento da União, tassa individuale di immigrazione). La cifra base da stanziare, cioè da depositare nel conto della propria società in Brasile, è pari a 66.000 euro (circa 150.000 reais), ma si accettano anche cifre inferiori, purché l'impresa nascente garantisca, prevedendola almeno su piano quinquennale, la creazione di almeno dieci nuovi posti di lavoro da assegnare scegliendo tra la manodopera locale.

Come si evince da alcuni forum e blog curati da italiani, il settore dell'immobiliare offre ottime opportunità. Considerati anche gli importanti appuntamenti internazionali previsti nei prossimi anni, l'immobiliare è in pieno fermento grazie anche a programmi governativi che incentivano la costruzione di milioni di nuove case, anche di tipo turistico. Il Nordest offre un'interessante potenziale: più di 3300 chilometri di costa (con spiagge tra le più belle al mondo), clima piacevole (che varia dai 24 ai 28 gradi), sole per trecento giorni l'anno.

Vivere da pensionati in Brasile

Chi non desidererebbe trasferirsi nel Paese del carnevale più lungo e famoso del mondo per trascorrere una pensione, possiamo dirlo, dinamica e fuori dalle righe? Naturalmente, il Brasile non è soltanto spiagge, sole e samba. Sarà, dunque, bene farsi un'idea più chiara su alcuni aspetti fondamentali. Innanzitutto, l'assistenza sanitaria che, come abbiamo già detto, ha un costo non irrisorio. Per ottenere un visto permanente, il pensionato dovrà dimostrare di poter trasferire mensilmente sul suo conto almeno 2400 euro mensili e, se non si raggiunge tale cifra, dimostrare di possedere altre fonti di reddito (beni mobili o immobili). Attenzione anche al sistema di tassazione: sempre meglio verificare bene con il proprio patronato in funzione alla variazione degli accordi tra i due Paesi. Se deciderete di prendere la residenza in Brasile e opterete per il trasferimento della pensione, questa sarà tassata sia in Italia che in Brasile, situazione che ha già suscitato azioni di proteste e rimostranze tra i pensionati che hanno fatto di Salvador de Bahia – o di altre città brasiliane da sogno – la loro terra promessa.

I siti/blog che parlano italiano

Un sito completo ed esaustivo che ci sentiamo di consigliare è www.vivereinbrasile.com. Oltre a dare informazioni utili e pratiche, esso rimanda a molti altri blog di italiani che, stabilitisi in Brasile, hanno deciso di condividere con gli altri abitanti della rete le loro esperienze. Per sapere, invece, tutto quello che succede a San Paolo, il sito da consultare è: www.scappoinbrasile.com. Approfittatene!

Canada

Grandi spazi, natura selvaggia e immigrazione "ordinata".

Montagne innevate e fitte foreste di cedri: al solo pensarci il Canada fa già venire qualche brivido, sia per l'immensità del territorio – è il più esteso Paese del mondo dopo la Russia – sia perché tutti sanno che in alcune zone le temperature possono essere bassissime, fino a 45 gradi sotto lo zero, con un media stagionale di -15. Detto questo, gli amanti dei vasti spazi liberi e di una natura estrema non sbagliano se scelgono questo luogo come meta.

Esteso tra l'Atlantico a ovest e l'Artico a nord, questo Paese coniuga immensità di territorio e natura allo stato selvaggio a regole molto ferree in fatto di convivenza dei cittadini. Conoscerle farà del vostro espatrio verso il grande Nord un'avventura di successo.

Il Canada è una monarchia costituzionale a regime parlamentare, ha due lingue ufficiali, l'inglese e il francese e si compone di varie provincie e territori. Vista la rigidità del clima, gli abitanti si sono concentrati nelle grandi metropoli. Proviamo a tracciare una breve mappa del Paese: l'est del Canada conta su un nucleo di città e cittadine animate e vivaci, con Toronto in testa. Ottawa, nei cui musei è possibile riscoprire l'arte degli indo-americani, è immersa in un'atmosfera ovattata e allo stesso tempo imponente che ben si sposa con il suo rango di capitale. Québec, di lingua e cultura francese, è la più europea delle città canadesi con le sue fortificazioni splendidamente conservate. Montreal ha un'offerta culturale al top e i suoi festival sono conosciuti in tutto il mondo. È qui che si assapora il meglio del Canada francofono. Dalla languida Vancouver alla rustica Calgary, l'ovest riserva altrettante belle sorprese. Ad Alberta, l'attraversamento delle Montagne Rocciose presenta una grande e stupefacente diversità del paesaggio: sommità innevate, laghi tranquilli, torrenti impetuosi, *canyon* e vaste praterie sono soltanto alcuni degli spettacoli paesaggistici a cui capita di assistere. Qui, tutte le attività sportive più estreme sono a portata di mano. Winnipeg, città di circa seicentomila abitanti, si trova a metà strada tra Terra Nova e l'isola di Vancouver e ha fatto da teatro a fondamentali passaggi storici della costruzione della nazione. Calgary è la capitale del petrolio e dei rodei, cowboy che scorazzano nei ranch sono parte integrante del suo paesaggio. All'estremo ovest, l'isola di Vancouver seduce per il suo clima più mite. Victoria, la sua città più importante, ha un'aria molto *british* e tutta l'isola è un vero gioiellino accoccolato sulle sponde del Pacifico. Il suo dolce vivere e il suo dinamismo economico hanno rappresentato l'El

Dorado per molti migranti italiani. Da non dimenticare, infine, gli affascinanti territori del nord: Nunavut (la terra degli Inuit); Manitoba (dove si estende la Tundra, territorio di caccia dell'orso polare); il nord-est (con le sue straordinarie aurore boreali).

Il Canada, inoltre, è famoso per l'accoglienza che riserva ai migranti, dovuta a una politica lungimirante e alla sua mancanza cronica di forza lavoro qualificato. Mancando delle informazioni giuste, e a volte anche dopo essersi preparati bene, non è però così difficile finire a servire caffè, pur con in tasca un diploma universitario di qualità. Infatti, a fronte della migrazione italiana di massa di un secolo fa verso questo grande Paese nordamericano, quella di oggi è molto diversa. Gli italiani che arrivano in Canada sono generalmente altamente qualificati e il loro profilo può essere proprio quello ricercato dalle autorità canadesi. Alcuni consigli potranno, dunque, essere d'aiuto per capire in quale avventura ci si stia per imbarcare.

Vademecum per l'espatrio

Anche se si decide di restare soltanto nella parte francofona – il Québec – o viceversa, è necessario conoscere tutte e due le lingue ufficiali. Un primo passo verso il Canada potrebbe essere dunque quello di iscriversi a uno dei corsi di studio di Alliance Française e del British Council, ma ce ne sono molti altri, anche online, che si possono frequentare in Italia. Una volta sul posto poi si può usufruire dei programmi linguistici gratuiti messi a disposizione da alcuni governi federali: per l'inglese date uno sguardo a www.servicecanada.gc.ca, mentre per il francese (nel caso foste diretti in Québec), fate riferimento a www.immigration-quebec.gouv.qc.ca/fr/langue-francaise/apprendre-quebec/index.

Sistemato il bagaglio linguistico, bisogna pensare ai visti. Per gli italiani la buona notizia è che un recente accordo tra lo stato italiano e quello canadese ha visto nascere un permesso vacanza-lavoro. Questo abilita i cittadini tra i diciotto e i trentacinque anni a permanere nel Paese per sei mesi, vivendo e lavorando in qualsiasi settore. La richiesta viene fatta all'Ambasciata del Canada a Roma (www.canadainternational.gc.ca/italy-italie/) e a Toronto presso il consolato (www.constoronto.esteri.it/Consolato_Toronto). Bisogna leggere bene i requisiti richiesti e tener presente che i posti ogni anno sono limitati. Per un semplice viaggio di turismo, comunque, non è richiesto alcun tipo di visto: basta il passaporto valido per la durata del soggiorno e poter dimostrare che si possiedono fondi sufficienti al proprio mantenimento.

Le cose cambiano quando si cerca lavoro e si pensa a un tipo di permanenza più lunga. Se si parte già dall'Italia con un lavoro sul posto, magari presso una delle molte multinazionali presenti nel Paese, è sempre l'ambasciata a doversi pronunciare in materia di permesso, dopo aver valutato la richiesta del datore di lavoro e i requisiti del lavoratore (questa pratica richiede all'incirca due mesi). Il permesso infine concesso è valido soltanto per una richiesta specifica e rimane tale per tutto il tempo della durata del lavoro. Nel caso in cui il contratto fosse a termine o se, per qualsiasi ragione, il rapporto di lavoro venisse interrotto, il rientro in Italia è obbligatorio.

Per trasferirsi definitivamente in Canada bisogna richiedere la residenza permanente e mettersi in paziente attesa dello studio del dossier, sempre a cura dell'ambasciata. A seconda delle caratteristiche della propria candidatura e di numerosi fattori che vengono presi in considerazione – tra cui la conoscenza delle lingue – la richiesta verrà accettata o meno, ma la pratica può durare alcuni anni.

A fronte di un sistema sanitario pubblico (le cui finanze sono sostenute dal Governo Federale, mentre i servizi vengono gestiti da quello di ogni provincia), una copertura sanitaria privata è caldamente consigliata anche perché alcuni specialisti (come ottici e dentisti) non rientrano nel piano delle sovvenzioni pubbliche e le loro tariffe sono salate. Per il resto, il medico di base e i servizi minimi ospedalieri sono garantiti. Ecco i documenti che occorrono per poter ottenere la tessera sanitaria: carta d'identità d'immigrazione canadese; conferma di residenza permanente (Modulo IMM 5292); carta di residenza permanente; documento d'ingresso (Modulo IMM 1000). Il sito di riferimento per informazioni più approfondite è: www.hc-sc.gc.ca.

Per i primi tre mesi di permanenza nel Paese – e per chi fosse in Canada con il permesso vacanza-lavoro – la sottoscrizione di un'assistenza sanitaria privata è comunque obbligatoria (comprende il ricovero in ospedale, la copertura sanitaria, eventuali spese per il rimpatrio). I costi variano da assicurazione ad assicurazione, ma bisogna mettere in conto almeno 30 euro al mese.

La valuta locale è il dollaro canadese (CAD). L'apertura di un conto in banca segue le procedure classiche. I documenti richiesti sono due tra quelli emessi dal proprio Paese (passaporto, patente o carta sanitaria) e uno che dimostri la residenza canadese, come la bolletta della luce o simili. Uno straniero residente deve anche portare la testimonianza di un canadese (per esempio il datore di lavoro). Potete scegliere tra due tipologie di conto: conto corrente e conto a risparmio, che garantisce interessi sul deposito, seppur non elevati. Elenchiamo ora qualcuna tra le più importanti banche canadesi: Royal Bank of Canada; TD Canada Trust; Canadian Imperial Bank of Commerce; Bank of Nova Scotia; Bank of Montreal.

Vivere e lavorare in Canada

Nonostante il Canada sia un Paese con un Governo solido e lungimirante e goda di un ottimo sistema bancario, anche qui, come è successo prima nella grande potenza confinante, il settore immobiliare sta attraversando un momento difficile. È bene saperlo quando ci si avventura nel mercato per un eventuale acquisto della prima residenza, che non sarà economica. Secondo lo storico «Corriere Canadese», quotidiano in lingua italiana, i prezzi nell'ultimo anno, soprattutto a Toronto, sono aumentati del 7,3%, un poco meno a Calgary, dove l'incremento si è attestato sul 2,5%, mentre restano stabili a Vancouver. I prezzi medi di vendita di una casa sono pari a circa 280.000 euro. Toronto, città dai tratti decisamente cosmopoliti, è senz'altro la destinazione più gettonata tra chi approda in Canada per lavorare o studiare, ma anche a Vancouver la comunità italiana è nutrita. È soprattutto in queste zone che si concentrano le informazioni relative al mercato immobiliare, ma sono utili a rendere l'idea su come muoversi anche in altre città. I prezzi di affitto e acquisto in tutte le grandi città canadesi si assomigliano, per cui una volta presa la misura su Toronto ci si potrà regolare per quanto riguarda tutte le altre. Il prezzo medio per l'affitto mensile di un appartamento di due camere a Toronto è pari a 800 euro circa; per l'acquisto di un *bungalow* (casa indipendente a un piano) resta valida la media nazionale, ma tenete comunque presente che Toronto è la seconda città più cara del Canada, dopo Vancouver. Per quanto riguarda le tipologie, il *bungalow* è molto diffuso in città. Vi sono poi appartamenti, case, camere in condivisione, sistemazioni in famiglia (per gli studenti), ostelli, hotel, motel. I canali classici per la ricerca di alloggio sono i quotidiani locali, quelli nazionali, le agenzie (sono poche, però quelle che si occupano di affitti), gli annunci di privati, i contatti personali (colleghi di studio o lavoro). Tra i siti da consultare: www.cherche-trouve.ca/Logement-a-louer; http://montreal.kijiji.ca per Montreal; http://ca.easyroommate.com/ per condivisioni in Québec e altre provincie; http://juliekinnear.com e http://ellidavis.com per Toronto; www.gvrd.com/real_estate_agents/ per Vancouver. Anche gli annunci dei quotidiani possono andare bene: www.canada.com/, www.torontosun.com/, www.thestar.com/; www.ottawasun.com/; www.calgarysun.com/; www.lejournaldemontreal.canoe.ca/.

Il settore dei servizi va forte in Canada, seguito dal manifatturiero. Toronto, Calgary, Vancouver e Montreal sono le città che offrono maggiori opportunità. Naturalmente, ai fini di un'assunzione è decisiva la conoscenza delle due lingue. Iniziare con uno stage o un'opera di volontariato può essere il modo giusto per farsi conoscere e conoscere il sistema. Internet resta uno dei canali privilegiati di ricerca. Tra i siti più attendibili si annoverano: www.monster.ca/, www.workopolis.com, www.indeed.ca, www.careerbuilder.ca, www.apeg.bc.ca, www.bcjobs.ca, www.cic.gc.ca, pagina web del Governo che dà anche informazioni sui salari. Molti di più sono i siti online che potete reperire già dall'Italia. Informazioni generali sul mercato del lavoro si possono recuperare sul sito ufficiale dell'organo federale: www.rhdcc-hrsdc.gc.ca; mentre sul sito del Governo è possibile compilare un questionario che fa capire al possibile candidato se è idoneo o meno a lavorare in Canada e se la sua professionalità sia ricercata.

Il salario orario medio garantito va dai 12,40 euro ai 18,85 euro e permette di vivere adeguatamente, oltre a lasciare un piccolo margine per il risparmio.

Il primo passo da compiere sulla strada dell'imprenditoria privata è consultare il sito del Governo www.investiraucanada.gc.ca. Qui si può capire quali e quante leggi regolano la possibilità di dare il via a un'attività autonoma in questo Paese. Tra i settori di maggior interesse segnaliamo quello immobiliare, l'informatica applicata ai macchinari, il multimediale, l'industrializzazione dei prodotti alimentari, il settore manifatturiero (lavorazione del marmo, della pelle, delle mattonelle). Tra tutte le provincie, l'Ontario (con Toronto in testa) è da considerare il motore dell'economia canadese. Queste le cifre: 40% del prodotto nazionale lordo, più del 50% dei prodotti manufatti; esportazione di più della metà dei prodotti di alta tecnologia. Toronto, sede di un'importante borsa valori, è, inoltre, il principale centro degli affari. È qui che si registra la maggior densità di popolazione (4,5 milioni) e che la maggioranza degli italiani ha messo radici, conquistandosi un ruolo di primo piano soprattutto nel settore edile. Per avere un'idea del costo della vita, basti pensare che una cesta media per la spesa di una persona single, a Toronto, contenente generi alimentari e prodotti per la casa, può ammontare a 42 euro circa; una cena con gli amici più o meno 18/25 euro; il biglietto del cinema 9,12 euro e il pass mensile della metro quasi 83 euro.

Vivere da pensionati in Canada

Con il suo costo della vita relativamente basso e servizi pubblici e sanitari di standard europei, il Canada potrebbe essere la meta giusta per chi, ormai in pensione, decida, in controtendenza rispetto al trend generale, di lasciare il tiepido clima italiano ed europeo per le cime innevate e l'austerità canadesi. Attenzione, però, la politica migratoria non è per nulla flessibile riguardo ai pensionati e la categoria dei permessi permanenti è stata addirittura eliminata negli anni Ottanta. Nonostante possiate dimostrare di avere mezzi economici finanziari sufficienti e un'assicurazione sanitaria privata, se la vostra intenzione è di non produrre reddito, potrete vedervi negata la possibilità di risiedere nel Paese in modo definitivo. Non resta che farsi sponsorizzare da un famigliare già stabilitosi qui, se si ha la fortuna di averne uno, o contattare il servizio immigrazione del Paese (www.canadavisa.com) per capire come potervi risiedere in modo regolare.

I siti/blog che parlano italiano

Tra l'Italia e il Canada esistono antichi e nuovi legami. Terra di espatrio tra le più battute dai primi migranti italiani – stiamo parlando della fine dell'Ottocento – il Canada oggi è abitato da circa 2 milioni tra italiani e canadesi di origine italiana e questo, su una popolazione di circa trentadue milioni di abitanti, è un dato indubbiamente significativo. Come ben si sa, chi si trasferisce a vivere in un'altra nazione – per scelta o per forza di cose – tende a mantenere forti legami con la madrepatria così, anche in Canada, si trovano circoli, associazioni e pubblicazioni italiane, sia di antica tradizione, come lo storico «Corriere canadese», quotidiano redatto in italiano sin dal 1954, che più recenti e vicine alle giovani generazioni, come il sito di Massimiliano: www.italiani.ca.

Repubblica Dominicana

Una terra tutta da scoprire

La Repubblica Dominicana è una delle destinazioni più gettonate da chi desideri evadere dai frenetici ritmi del mondo occidentale, grazie a spiagge idilliache e prezzi piuttosto abbordabili. Distendersi al sole e immergersi nelle acque cristalline sono solo le attrattive più evidenti di quella che fu la prima delle terre scoperte da Cristoforo Colombo.

Punta Cana, Cabarete, Samanà e, naturalmente, Santo Domingo non sono soltanto le punte di diamante di quest'isola conosciuta in tutto il mondo. Nell'immaginario collettivo sono il paradiso in terra: chilometri di spiagge, sabbia bianca, palme di cocchi, i ritmi infuocati del *merengue* e della *bachata* e una popolazione locale molto affabile, gentile, accogliente. La vita qui è scandita da ritmi lenti e rilassati.

Una volta fatto il pieno di sole, mare e confortevoli resort per chi abbia voglia di approfondire la conoscenza dell'isola, la Repubblica Dominicana è tutta da scoprire, con le sue campagne vergini di turismo, i piccoli porti di pesca e i villaggi di montagna quasi inaccessibili.

Santo Domingo, sulla costa meridionale, è la più antica capitale del nuovo mondo. Il centro storico, in cui si trovano ancora vestigia coloniali, è molto suggestivo. Le costruzioni del XVI secolo, come la cattedrale, gli splendidi palazzi, le chiese, i santuari, si scoprono passeggiando tra le sue strade con il naso all'insù. La conosciutissima Punta Cana è la patria dei resort e delle grandi strutture turistiche. Naturalmente, spiagge spettacolari – come quelle della provincia di La Altagracia – sono il fiore all'occhiello di questa costa lussuriosa. Boca Chica, vera e propria piscina naturale grazie alla vicinanza della barriera corallina e alle sue acque poco profonde, è una delle spiagge più vicine alla capitale ed è molto frequentata sia dai turisti e sia dai dominicani, durante il weekend. Vi è qui una notevole concentrazione di ristoranti internazionali, aperti da turisti che, dopo essersene innamorati, hanno deciso di stabilircisi. Considerata una delle zone più belle della Repubblica Dominicana, Samanà ha un'economia tutta basata sulle sue spiagge. Da non perdere, anche se la visita vi richiederà di allontanarvi per un po' dal vostro ombrellone, le famose cascate El Limón. Meno invasa dal mattone, Samanà sarà una piacevole sorpresa per tutti gli amanti del turismo indipendente. Questa è la provincia meno battuta, ma i paesaggi e le spiagge non sono da meno rispetto a quelle più note.

Sul piano culturale, la Repubblica Dominicana offre un piacevole mix tra cultura Taíno, europea e antillese, che va dal popolo originario che viveva sull'isola *Hispaniola* al tempo della scoperta di Colombo, alla conquista spagnola e, infine, all'influenza africana, arrivata sull'isola con il notorio commercio degli schiavi. L'architettura, i musei, l'atmosfera tutta dell'isola ne sono pregni.

Vademecum per l'espatrio

Proprio a ridosso della pubblicazione di questo libro è prevista l'entrata in vigore di un nuovo regolamento in materia di immigrazione, sarà, pertanto, utile informarsi presso l'ambasciata o il Consolato della Repubblica Dominicana in Italia o presso l'Ambasciata italiana a Santo Domingo (www.ambsantodomingo.esteri.it/Ambasciata_SantoDomingo). Dovrete rivolgervi all'Ufficio d'immigrazione, invece, per soggiorni superiori ai sessanta giorni (www.migracion.gov.do). La lingua ufficiale è lo spagnolo, ma l'inglese sarà necessario se si vuole lavorare nelle strutture turistiche o mettere su un'attività in questo settore. Sul piano sanitario, le strutture pubbliche non possono competere con gli standard europei e le cliniche private sono carissime (non si può non riscontrare una paradossale similitudine con il sistema d'assistenza sanitaria statunitense). Per una prima visita, e si va giusto in "avanscoperta", consigliamo di sottoscrivere un'assicurazione sanitaria che preveda anche il rimborso delle spese d'espatrio. I vaccini non sono obbligatori, ma sappiate che la febbre Dengue è endemica in tutta l'isola (soprattutto nelle città di Santiago e Santo Domingo). Le normali precauzioni tipiche dei climi tropicali andranno, inoltre, prese in considerazione: bere solo acqua in bottiglia, evitare le verdure crude, fare molta attenzione alla conservazione del cibo e munirsi di buone pomate repellenti per le zanzare è vivamente consigliato. La moneta dell'isola è il peso dominicano (DOP). Le principali banche della Repubblica sono: Banco Popular; Banreservas, di proprietà dello stato; Banco BHD; Banco Central de La Republica Dominicana, paragonabile alla nostra Banca d'Italia. Può essere un suggerimento giusto quello di aprire un conto, data la storica instabilità della moneta locale, in dollari americani o in euro. Un'ultima cosa: per non incorrere in ritardi sul trasferimento del denaro, non si devono superare i 5000 euro (massimo stabilito in base alle norme antiriciclaggio). Vi occorrerà, in ogni caso, solamente una lettera di presentazione della vostra banca e la copia del passaporto.

Vivere e lavorare nella Repubblica Dominicana

Per un pranzo in un ristorante tipico contate di spendere circa 6 euro a persona. I prodotti d'importazione, invece, sono cari, quindi, se proprio volete mangiare italiano, preparatevi a sborsare euro sonanti. Se avete in progetto di farvi costruire un alloggio tutto vostro, circondatevi di professionisti, sia per la costruzione in senso stretto, che sul piano legale, in modo da essere sicuri di avere tutti i documenti in regola. Difficile stabilire un ventaglio di prezzi dei terreni (si va dai 6 ai 30-38 euro/mq), mentre per la casa vera e propria bisogna contare almeno 500/600 euro/mq. Sulla costa nord, secondo gli esperti in grande sviluppo, vi sono numerose occasioni: una villetta di 100 mq con piscina e spiaggia privata vi può costare attorno ai 110.000 euro (con acqua ed elettricità). Per gli affitti consultate il sito www.playalasterrenas.it, dove potrete trovare case di tutte le taglie e per tutte le tasche. Si possono spendere anche 130 euro al mese, dipende da quanto si sia intenzionati a derogare sull'igiene e sugli altri standard a cui noi europei siamo abituati. Cercare una sistemazione nei pressi di Santo Domingo e delle spiagge più battute dal turismo internazionale significa automaticamente preventivare una spesa più impegnativa. Tra le agenzie immobiliari e siti di annunci che si possono consultare online ve ne elenchiamo alcuni: www.arconim.com, www.casasymas.com, www.republica-dominicana-live.com, www.imocolonial.com/, www.residenzeneicaraibi.com.

Tra i siti da consultare nel caso in cui foste alla ricerca di un lavoro dipendente, tenendo sempre ben presente che la manodopera locale a basso costo vi farà una concorrenza spietata, segnaliamo: www.infoempleos.net, www.computrabajo.com.do, www.mundoanuncio.com.do, www.republicadominicana.livio.com.

Se la fantasia, un minimo di budget iniziale e l'intraprendenza non vi mancano, la Repubblica Dominicana vi offre diverse possibilità per mettere su una vostra attività. Il settore sicuramente più sicuro e redditizio su cui investire è il turismo. Un'idea potrebbe essere, per esempio, quella di proporre a una struttura già esistente servizi nuovi e sfiziosi: escursioni, attività sportive specializzate, guide turistiche multilingue. Anche l'immobiliare può essere una strada, ma tenete presente che i prezzi sono in fluttuazione costante. Non sono molte le testimonianze relative alla possibilità di avviare attività imprenditoriali nella Repubblica Dominicana. Oltre ad andare sul posto, potrete cominciare con il passare per i canali ufficiali, come l'Ambasciata d'Italia a Santo Domingo (www.ambsantodomingo.esteri.it) e le autorità ufficiali, locali (www.dominicanrepublic.com), non dimenticando di sbirciare tra i siti e i forum, una miniera d'oro d'informazioni, standο però sempre ben attenti a verificarne attentamente la veridicità.

Vivere da pensionati nella Repubblica Dominicana

La Repubblica Dominicana è molto interessata ad attirare nel Paese pensionati e persone che vivono di rendita. Per questo motivo esiste una vera e propria legge (www.guiarepublicadominicana.com/images/pdf/171-07.pdf) che spiega quali siano i requisiti per poter usufruire di condizioni vantaggiose trasferendosi in questo angolo dei Caraibi. Un pensionato, per esempio, dovrà dimostrare di poter contare su un certo reddito mensile, così come anche chi vive grazie a delle rendite, siano interessi bancari, affitti immobiliari, utili o dividendi aziendali (in questo caso la cifra richiesta sarà più alta), a cui si devono aggiungere 200 euro circa per ogni persona dipendente da lui (coniuge o figli a carico). Se si rientra in queste categorie si potrà ottenere un permesso di residenza definitiva entro quarantacinque giorni al massimo, beneficiare di una riduzione del 50% delle imposte sulle proprietà immobiliari, su quelle che gravano su interessi e dividendi provenienti dal Paese d'origine, su quelle ipotecarie o relative a transazioni immobiliari. Il sito di riferimento è www.guiarepublicadominicana.com, in particolare cliccate sulla voce *Vivir*. I costi relativamente bassi della vita e delle strutture sanitarie adatte (care, però nei grandi centri urbani), completano un quadro a prima vista allettante.

I siti/blog che parlano italiano

Non sono pochi gli italiani che hanno scelto felicemente di cominciare una nuova vita nei Caraibi e molti di questi sono raggiungibili nei vari siti, blog, forum. Stefano, un genovese che si è stabilito nella penisola di Samaná ha creato il sito www.playalasterrenas.it ed è molto disponibile a passare contatti e notizie utili. La rivista, cui fa capo un'associazione d'italiani nel mondo www.italiachiamaitalia.it, contiene una rubrica tutta dedicata alla Repubblica Dominicana.

Stati Uniti d'America

USA, il sogno americano continua

Le parole migrazione e Stati Uniti per gli italiani dovrebbero significare qualcosa. È tanta la letteratura legata a quest'episodio della nostra storia che ci narra le non poche umiliazioni e le sofferenze dei connazionali sfuggiti, all'inizio del secolo scorso, alla miseria più nera di una nazione che si stava facendo. Noti sono i romanzi e i film che raccontano l'arrivo a Ellis Island di masse di disperati speranzosi di passare indenni attraverso le complicate trafile per la selezione dei più idonei, che avrebbe fatto ottenere loro il permesso di fermarsi e realizzare un grande sogno.

La storia degli italiani in America è quella di una migrazione di successo – numerosissimi italo-americani, figli e nipoti di migranti, sono riusciti ad affermarsi a tutti i livelli della vita americana – ma anche di delinquenza (chi non ha mai visto il film *Il padrino*?) e di fallimenti. Perché così va il mondo e anche il *Nuovo Mondo*.

Oggi i sogni si sono evoluti, ma la voglia di partire verso questo immenso Paese è ancora viva tra chi decide di migrare. Le cinquanta stelle dei cinquanta stati che costituiscono la Repubblica Federale degli Stati Uniti d'America si dipanano dall'Atlantico al Pacifico e si diluiscono in paesaggi grandiosi, in città leggendarie, tutte diverse le une dalle altre: New York, Washington, Chicago, New Orleans, San Francisco, Los Angeles...

Grazie alle sue università prestigiose e alle grandi multinazionali, le possibilità di riuscita, in un Paese che, tutto sommato ancora oggi, riesce ad apprezzare la preparazione, la professionalità, le capacità individuali, rimangono ancora molto alte. Poi c'è l'arte, la storia, la cultura e lo sport: non sono pochi i motivi che possono indurre a tentare di giocarsi le proprie carte.

I cinquanta stati più il Distretto di Colombia, che ospita Washington, la capitale, sono una combinazione di culture antiche – a partire da quella quasi scomparsa degli indiani d'America – e moderne, anzi, modernissime. Ed è soprattutto la diversità e la vastità del suo territorio che nei secoli ha attirato e allo stesso tempo sconcertato i nuovi arrivati: l'Alaska con le cime più alte del Paese (6194 metri di altezza), le Montagne Rocciose, le fertili pianure, le immense praterie, le coste dal clima quasi tropicale, i grandi laghi, le zone semi-desertiche e le metropoli dove vivono, lavorano, prosperano e a volte soccombono, milioni di persone: come non ricordare la New York dei tombini fumanti di Woody Allen; la più austera e verdissima Washington; New Orleans con il suo grande fiume e la meravigliosa cultura blues; Dallas con i suoi pozzi di petrolio; San Francisco e le sue ripide colline; Los Angeles, dove il sogno di sfondare nel cinema, comune a migliaia di persone, a volte si realizza e a volte s'infrange.

Negli Stati Uniti il 30% della popolazione vive nelle metropoli. A New York si concentrano circa otto milioni di persone. Seguono poi, per numero di abitanti, Los Angeles, Chicago, Houston, Phoenix, Philadelphia, San Antonio e Dallas.

Vademecum per l'espatrio

Non è così semplice oggigiorno recarsi negli Stati Uniti neanche per fare del semplice turismo. Quello che conta è, come sempre, informarsi bene e il primo indirizzo utile è l'Ambasciata degli Stati Uniti in Italia (italy.usembassy.gov.) Per entrare negli Stati Uniti è necessario il passaporto elettronico e bisogna compilare una richiesta elettronica di autorizzazione al viaggio: ESTA (Electronic System fot Travel Authorization). Va fatta almeno settantadue ore prima della partenza e sempre attraverso il sito dell'ambasciata. Questa richiesta si paga circa 10 euro e una volta ottenuta, l'autorizzazione è valida per due anni. Con questo semplice procedimento si può restare nel Paese per un massimo di novanta giorni. Si tratta di un visto turistico e non dà la possibilità di lavorare nel Paese. Purtroppo, non è facile districarsi tra i numerosi tipi di visti lavorativi, ma in questa sessione proviamo a darvi qualche dritta. Per poter lavorare negli USA bisogna essere sponsorizzati da un'azienda e questo passa per diverse opzioni di cui vi parleremo in modo più approfondito nel capitolo seguente. I diversi tipi di visto sono elencati per categorie professionali sul sito dell'ambasciata (http://italian.italy.usembassy.gov/visti.html). I più diffusi sono quelli di tipo H, L, Q per lavoratori temporanei ed E per chi crea impresa.

C'è poi la famosa *green card* (carta verde), protagonista di tanti film. Per ottenerla, bisogna prima avere un lavoro e uno sponsor (l'azienda che ha deciso di assumervi) e poi si può inoltrare la richiesta all'Ufficio immigrazione americano USCIS (www.uscis.gov/portal/site/uscis), che attribuirà un numero al richiedente (il tempo di attesa può variare molto in funzione delle quote nazionali stabilite di anno in anno). Ottenuto il numero, ci si deve sottoporre a diversi test medici, tra cui quello sull'AIDS, dimostrare di non avere precedenti penali, né personali, né famigliari, farsi prendere le impronte digitali. Solo allora il candidato potrà ottenere la carta verde, ma non subito! Questa procedura può durare anche cinque anni. L'unica cosa da fare è armarsi di pazienza e coraggio oppure giocare alla lotteria! Non è uno scherzo, se si è baciati dalla dea bendata, si può vincere una delle 50.000 carte verdi messe in palio ogni anno dalla lotteria indetta dal Governo. Per partecipare, basta andare sul sito www.usagreencardlottery.org e seguire le istruzioni. Naturalmente, oltre a tutto ciò, la prima cosa da sapere, imprescindibilmente, è la lingua. L'inglese è quella ufficiale, ma se ne parlano molte altre, tra cui l'italiano, il francese, lo spagnolo e il creolo.

I punti dolenti di questo Paese sono l'istruzione universitaria e la sanità. La prima è carissima, ma a disposizione degli studenti vi sono molte borse di studio e prestiti agevolati. La seconda è la croce del presidente in carica, Barak Obama, che ha cercato – fino a oggi senza troppo successo – di renderla disponibile ai più con la sua riforma del 2009. Senza entrare in una polemica che divide gli americani stessi, la sanità al momento resta cara, per cui pagarsi un'assicurazione privata è praticamente obbligatorio per tutti (con l'eccezione degli indigenti, gli anziani over 65 e i disabili). Ancora prima d'intraprendere qualsiasi tipo di azione burocratica vi occorrerà il Numero di Sicurezza Sociale (SSN). Potete farne domanda direttamente on line: www.socialsecurity.gov. Il costo medio dell'assicurazione privata, in ogni caso, può arrivare a toccare i 3000/4000 euro all'anno. Questo diventa un problema quando non si lavora, mentre quando il lavoro c'è una buona parte di questo costo è sostenuto dal datore di lavoro (ma restano esclusi i lavoratori non qualificati). Insomma, con un po' di fortuna potrete permettervi di curarvi l'influenza senza andare in rovina.

L'apertura di un conto in banca negli Stati Uniti segue un percorso canonico. Occorrono due documenti d'identità, un giustificativo di domicilio, i dati del datore di lavoro, il numero della tessera sanitaria e un paio di referenti statunitensi. Tenete presente che i vostri trascorsi finanziari verranno studiati a dovere dall'istituto bancario prescelto. Sulla base delle garanzie che sarete in grado di fornire sarà stabilito il *plafond* più o meno alto di spesa della vostra carta di credito a cui avrete diritto (www.equifax.com/home/en_us). Per ulteriori informazioni meglio farsi un giro delle principali banche (vi suggeriamo di visitare anche le filiali delle banche italiane). Se preferite farlo online, comodamente da casa consultate: www.us.hsbc.com e www.bankofamerica.com.

Lavorare e vivere negli Stati Uniti

In questo Paese le agenzie immobiliari, gli agenti professionisti, gli annunci di acquisti e affitti prosperano. Con l'esplosione della bolla immobiliare che ha scosso gli Stati Uniti a partire dal 2007, le opportunità sono duplicate e i prezzi sono calati. Questi sono molto simili a quelli europei, ma nelle megalopoli, tipo New York, nettamente più cari. Le cose cambiano se si vuole acquistare. Sempre alla luce della recente crisi immobiliare è probabilmente ora il momento di comprare negli Stati Uniti, essendosi i prezzi abbassati notevolmente e trovando sul mercato un'offerta discreta. In internet i siti di ricerca sono molto completi e affidabili. Per farvi un'idea provate a digitare come parola chiave sul motore di ricerca *real estate Usa* (specificando eventualmente anche il nome della città). Uno dei portali più famosi degli Stati Uniti è www.longandfoster.com. Inserendo il codice della zona dove si trova l'immobile su www.zillow.com, potrete reperire il valore medio di mercato, sempre utile quando si deve fare un'offerta e si è pronti a contrattare. Ci sono poi www.streeteasy.com, dedicato a New York, con un'ottima divisione nei diversi *borough* e il sito tutto italiano www.vivaldirealestate.com. Informazioni dettagliate su come pagare le tasse sui beni immobiliari sono reperibili sul sito del Governo: www.irs.gov.

Nel pieno di una profonda crisi economico-finanziaria, esplosa proprio nel Paese delle opportunità per antonomasia, vale ancora la pena espatriare negli Stati Uniti? Parrebbe proprio di sì. Ad ascoltare e leggere le storie di connazionali espatriati che si raccontano nei vari forum e blog, si direbbe che l'entusiasmo dei compatrioti sia generalmente condiviso. Secondo le voci che arrivano da New York, Los Angeles, Miami, le Hawaii, gli Stati Uniti restano un posto ambito che non riserva troppe delusioni, soprattutto se si ha una qualificazione professionale superiore.

Se ci si avventura in suolo *yankee* per cercare lavoro, bisogna, comunque, tenere presente che il tasso di disoccupazione negli Stati Uniti oggi è di oltre il 9% e che può essere più difficile trovare uno sponsor, ovvero una società che sia disposta ad assumere e intraprendere l'iter per la richiesta dei visti necessari.

Se si ha un piccolo gruzzolo messo da parte, comunque, si può sempre partire da uno stage (non pagato o pagato pochissimo), la cosiddetta *internship*. Ve ne sono a migliaia e in società d'ottimo livello. Questa può essere un buon trampolino di lancio per farsi conoscere, dimostrare quanto si vale e, se tutto va bene, vedersi arrivare una proposta d'assunzione. Come già detto, il mercato del lavoro negli Stati Uniti resta abbastanza aperto, soprattutto per chi possiede una competenza specifica e buone idee. I settori a forte potenziale sono: informatica, nuove tecnologie, ingegneria, gastronomia. Chi non è altamente qualificato e/o non ha la padronanza della lingua, invece, potrebbe avere dei problemi a farsi assumere. Il salario medio viaggia sui 3-10 euro l'ora (per camerieri e commessi) e i ritmi lavorativi sono piuttosto duri: si lavora spesso il weekend, la settimana lavorativa media è di quaranta ore e vengono riconosciute due settimane in media all'anno di ferie pagate. Molte informazioni relative al mercato del lavoro si trovano sul sito governativo: www.bls.gov. Per la ricerca spulciate gli annunci sui giornali o nei media online, rivolgetevi alle società di *interim*, contattate direttamente l'azienda per la quale intendete lavorare, avendo ben chiaro perché dovrebbero assumere proprio voi. E lanciatevi! Negli Stati Uniti l'intraprendenza, nella maggior parte dei casi, premia. Anche la Camera di Commercio italiana (con sede a New York) può essere un buon punto di partenza, tanto per iniziare a fare i primi passi nella realtà lavorativa: www.italchamber.org. Tra i classici siti di ricerca ricordiamo: www.elitestaffinginc.com, www.manpower.us, www.monster.com. Anche il sito del Governo può fornire informazioni utili: www.doleta.gov/Programs/.

Se l'aspirazione è quella di mettersi in proprio, di intraprendere l'avventura imprenditoriale, vi meriterete il titolo di investitori e avrete diritto al visto apposito. Creare lavoro, nella realtà economica attuale, spalanca molte porte, ma anche in questo ambito le regole sono ben chiare e dovranno essere rispettate. Innanzitutto, soltanto quelli che vengono da Paesi che hanno stretto un accordo con gli Stati Uniti hanno diritto a fare impresa. La lista si trova nel sito dell'Ambasciata degli Stati Uniti e l'Italia è tra questi. Per i requisiti necessari, la cifra minima d'investimento e le statistiche relative al mercato del lavoro le prime istituzioni a cui rivolgersi saranno l'ambasciata, l'Istituto per il commercio estero (www.ice.it) e la camera di commercio del posto. Dopo di che, partire e tastare direttamente il terreno diventa indispensabile. Per il complesso sistema di tassazione (esistono tasse a livello nazionale e federale e variano da Stato a Stato), sarà bene rivolgersi al sito del Governo: www.taxamerican.com.

Vivere da pensionati negli Stati Uniti

Non esiste un visto particolare per i pensionati che desiderino godersi tutto o buona parte del loro meritato riposo in panciolle, magari sotto il sole battente della Florida. Potete, dunque, procedere alla richiesta di un visto di residenza permanente (l'iter può durare anni) o decidere di trascorrere un tempo circoscritto negli USA. La permanenza è consentita per un massimo di sei mesi di fila nell'arco di un anno e il tipo di visto è il turistico

B. Certo, c'è sempre da prendere in considerazione che il sistema sanitario è molto caro (tra i più cari al mondo) e che per qualsiasi tipo di intervento d'emergenza il conto può risultare salatissimo. Bisognerà, quindi, premunirsi e acquistare un'assicurazione sanitaria privata. In materia di tasse, tema delicato, tra Stati Uniti e Italia vige il trattato della non doppia imposizione. In generale vale la regola secondo la quale se la pensione è percepita in Italia e si è residenti all'estero la tassazione avverrà soltanto in Italia. Per essere certi di non sbagliare è sempre bene informarsi presso l'Agenzia delle Entrate e il Patronato ACLI in America.

I siti/blog che parlano italiano

Sono tanti e vari i blog scritti e gestiti da italiani che vivono negli USA. Non potendo citarli tutti, ne abbiamo selezionati solo alcuni tra quelli che ci sembravano più interessanti e utili, ma siamo certi di averne tralasciati molti altrettanto ben fatti. Non resta che digitare la parola chiave giusta nel motore di ricerca e la rete degli italiani espatriati negli States, desiderosi di condividere le loro esperienze, sarà a portata di un click. Roberto Mazzoni si è ricostruito una nuova vita in Florida e sul sito www.voglioviverecosi.com redige una rubrica ricca di indicazioni pratiche per chi intenda seguire le sue orme. Sono giovani, spigliati, divertenti e aggiornatissimi su tutto quanto avvenga nella *Grande Mela* i curatori di www.inewyork.it: da consultare senza indugi se si cerca una bussola digitale quando si approda nel cuore palpitante dell'America. Il sito www.viverelavoraremiami.com offre molti spunti per chi cerca lavoro a Miami, mentre Vincenzo, di base a Philadelphia, ha improntato il suo sito tutto sulla sua città d'elezione. Lo consigliamo: www.vivereinusa.com.

Sudafrica

Tra *big five* e città all'avanguardia

All'estremità del continente africano, si estende il Sudafrica, lungo più di un milione di chilometri quadrati, con le sue montagne, i paesaggi costieri e le città cariche di storia.

Secondo uno studio delle Nazioni Unite, la Repubblica Sudafricana è un Paese a reddito medio, ricco di abbondanti risorse naturali, ben sviluppato finanziariamente, giuridicamente ed economicamente, dotato di ottimi trasporti e risorse energetiche in abbondanza. Il Sudafrica coltiva ed esporta moltissimi prodotti agricoli (dal grano, alla vite ai cereali, ai frutti tropicali), è al primo posto come produttore al mondo di oro, platino, cromo e al quinto per i diamanti. Dispone, inoltre, di molti altri minerali preziosi che ne hanno permesso uno sviluppo industriale in tutti i settori, attirando gli investimenti di numerose multinazionali (valga per tutti la famosissima anglo-americana De Beers). Anche per questo motivo, Johannesburg è la prima piazza borsistica del continente africano e la terza a livello mondiale. Lunghissime spiagge bianche e vasti parchi ne fanno una destinazione turistica di grande prestigio e interesse. Tutti hanno, almeno una volta, sentito nominare il grande Parco Nazionale Kruger: la più nota e più antica riserva naturale dove si possono ammirare i *big five*, i cinque mammiferi più grandi del mondo. Santa Lucia, Pilanesberg, Blyde River, la rotta panoramica di Mpumalanga, Tsitsikamma e la strada dei giardini sono altri famosi siti di altrettanto famose bellezze naturali.

Il Sudafrica ha sostanzialmente tre capitali: Pretoria, detta anche "Città giardino", è la capitale amministrativa, Bloemfontein è, invece, quella giuridica e Città del Capo è la capitale legislativa. Qui prevale un clima con temperature miti – vi si concentra la coltivazione del grano e della vigna – che si sposa con uno stile architettonico decisamente influenzato dalla cultura olandese. Johannesburg, è la città più ricca del Paese, ma anche la più nota per l'alto tasso di violenza e micro criminalità, è la più ricca del Paese e deve la sua esistenza alla scoperta e allo sfruttamento di vasti giacimenti d'oro. È in una delle sue periferie più famose, la *township* di Soweto, che è stata portata avanti e vinta la battaglia contro l'apartheid. Port Elizabeth ed East London sono città portuali molto ben collegate ai principali snodi commerciali di tutto il mondo. Durban, infine, gode di un tipico clima tropicale adatto alla coltivazione di mango, ananas e moltissimi altri frutti. La città è, inoltre, un importante centro balneare sull'Oceano Indiano, con bellissime spiagge molto frequentate in ogni stagione dell'anno. Tutti i centri più importanti del Paese sono collegati tra loro da moderne e impeccabili infrastrutture.

Con i suoi paesaggi e la sua natura mozzafiato, questo Paese è il paradiso degli sportivi e degli amanti dei grandi spazi. La nazione arcobaleno, come è stata definita a partire dalla fine dell'apartheid, è il risultato della mescolanza di cultura africana, europea e indiana.

Dall'abolizione dell'apartheid nel 1994, quando Nelson Mandela, eroe della lotta contro la discriminazione razziale, fu eletto presidente, il Sudafrica ha fatto passi da gigante sul fronte della modernizzazione e democratizzazione. Tuttavia, la lotta all'AIDS, vera e propria piaga nazionale, alla grande criminalità, alle grandi ingiustizie sociali, che penalizzano ancora principalmente la comunità nera, restano le grandi sfide del futuro.

Vademecum per l'espatrio

Per entrare in Sudafrica da turisti occorre il passaporto con validità di minimo tre mesi, il massimo che vi è consentito restare nel Paese. La strada più facile per ottenere un visto è, come sempre, partire con un lavoro già dall'Italia, facendovi magari assumere dalla filiale di una società italiana. Spetterà, dunque, direttamente al datore di lavoro fare la richiesta del visto. In assenza di un contratto lavorativo, non disperate! Vi sono, per esempio, delle figure professionali, come gli ingegneri, che, essendo poco diffuse nel Paese, hanno diritto a richiedere un visto. Esiste, comunque, una quota limite annuale per categoria, che viene stabilita via via in funzione delle necessità del Paese. Siccome le leggi legate all'immigrazione vengono spesso modificate, prima di partire conviene rivolgersi all'ambasciata (http://Inx.sudafrica.it) e consultare il sito del Governo sudafricano: www.home-affairs.gov.za.

Le lingue ufficiali sono diverse, ma le principali sono l'afrikaans e l'inglese. Una sciolta conoscenza di quest'ultima è, dunque, imprescindibile quando si prevede di fermarsi a lungo, per un progetto di vita o professionale.

Il sistema sanitario sudafricano ricorda molto quello statunitense, anche se un poco meno caro. La sanità pubblica è piuttosto carente e destinata ai cittadini meno abbienti; quella privata, ottima, ma costosa. Per un soggiorno prolungato in Sudafrica, il consiglio è quello di stipulare un'assicurazione privata. Tra le più diffuse nel Paese citiamo: Discovery Health (quella con il maggiore numero di assicurati), Bonitas, Oxygen/Medshield, Fedhealth, Momentum, Liberty, Genesis, Medihelp, Resolution, Profmed. Le tariffe del 2011 per una copertura ospedaliera sono in media pari a 80 euro al mese, aggiungendo qualche benefit in più si può arrivare a pagare fino a quasi 200 euro. Per comparare le differenti proposte e offerte, consultare: www.medicalaidcomparisons.co.za e www.medquote.co.za.

La moneta è il rand. Il sistema bancario sudafricano è molto sofisticato e al livello di molti Paesi occidentali. Le cosiddette *big four* dominano il mercato del servizio al pubblico: Absa, FirstRand Bank, Nedcor, Standard Bank. Nonostante gli standard elevati, le banche sudafricane sono spesso accusate di offrire i loro servizi a costi troppo elevati. È consigliabile, dunque, farsi un bel giro informativo prima di decidere dove aprire il proprio conto corrente, in particolar modo chiaritevi le idee sui costi dei trasferimenti di denaro dall'estero. Una volta residenti, i documenti che dovrete produrre sono: giustificativo di domicilio (bollette o contratto d'affitto), passaporto valido, documento che certifichi le vostre entrate (contratto di lavoro o simili). Una lettera di presentazione della vostra banca può esservi d'aiuto. Prendete nota di questo sito (www.oba.org.za): è un'autorità indipendente preposta per poter intervenire in caso di dispute o problemi di mancati servizi da parte della vostra banca. Per quanto internet sia ben sviluppato in Sudafrica, pochi ne fanno uso per questioni bancarie per paura di furti online. Che si tratti di leggende metropolitane o meno, fate, come in ogni situazione, attenzione a quest'aspetto, in Sudafrica, così come in ogni altro Paese del mondo.

Vivere e lavorare a Johannesburg

Il centro di Johannesburg è formato da una fitto reticolo di stradine strette e antiche. Tutto intorno si innalzano moderni grattacieli pullulanti di uffici, tanto da far soprannominare l'intera area la "Manhattan africana", distretto degli affari per eccellenza di tutto il Sudafrica. C'è poi la *new-town* a ovest dove hanno sede numerose istituzioni culturali e vari musei. La zona universitaria più famosa è Braamfontein. Come ben noto, all'epoca dell'apartheid, attorno al centro della città sono sorte le tristemente note *bidonville,* veri e propri ghetti in cui viveva, segregata, la popolazione nera. Oggi, ufficialmente, questi quartieri non esistono più, ma Johannesburg resta una città dove vige una forte separazione razziale e sociale. La maggioranza della popolazione nera vive ancora nelle township, come Soweto o Alexandra. In quest'ultima, le discrete abitazioni della classe media si alternano a baracche senza acqua corrente ed elettricità. Ci sono poi i nuovi migranti, principalmente indiani, che vivono nella township di Lenasia. Fuori dal centro, zone come Joubert Park, Hillbrow, Bera, un tempo a maggioranza bianca, sono ormai quartieri multirazziali, così come Observatory. I bianchi della cosiddetta *middle-class* si concentrano a ovest della città, nei sobborghi residenziali di Briston e Melville. A nord, invece, nei Northern Suburbs, come Houghton si è stabilita l'alta borghesia bianca. Non scartate l'idea del *flat-sharing*, molto diffuso in tutto il Paese e per cui ci sono a disposizione diversi siti internet: www.okroommate.com, www.expatfinder.com. Sul fronte degli affitti, le possibilità sono multiple e vanno dal piccolo monolocale alla grande tenuta. Naturalmente, i prezzi dipendono in gran parte dalla zona. La forchetta per Johannesburg può variare da 230/470 euro mensili per un monolocale, a 600/1300 euro per case con tre camere da letto. Per avere le quotazioni più aggiornate, meglio consultare i siti delle agenzie, che offrono anche opportunità d'acquisto: www.myproperty.co.za, www.johannesburg.gumtree.co.za, www.pamgolding.co.za.

Trovare un lavoro dipendente in Sudafrica può essere difficile dato il tasso di disoccupazione molto elevato, ma non impossibile. I settori dove il lavoro specializzato, anche e soprattutto straniero, è richiesto sono: le telecomunicazioni, la sanità, l'e-commerce, il turismo, la finanza, l'industria estrattiva, la cosmesi. Tra tutti, i salari nell'IT sono i più elevati, anche perché la mancanza di forza lavoro specializzata locale. Tenete presente che, come nel resto del mondo, anche in Sudafrica per trovare lavoro le *connection* sono importanti. Tra i siti da consultare per la vostra ricerca di lavoro figurano: www.ioljobs.co.za, www.findajobinafrica.com, www.bestjobs.co.za, www.careerjunction.co.za, www.careerweb.co.za (specializzato nell'IT), www.engineeringjobs.co.za/ (per gli ingegneri), www.medsearch.co.za (settore medico e farmaceutico). In rete, potrete dare uno sguardo anche ad alcuni giornali nella loro versione online come il «Mail & Guardian South Africa» (www.mg.co.za) e «The Times South Africa» (www.timeslive.co.za) e la pagina web delle agenzie di reclutamento in loco www.ananzi.co.za.

Il permesso per poter aprire una propria attività in Sudafrica non è difficile da ottenere, ma tenete presente che dovrete avere un capitale di partenza pari a circa 250.000 euro (una garanzia in denaro o titoli che può essere depositata anche in Italia). Il piano aziendale dovrà poi garantire l'assunzione di almeno cinque sudafricani nel giro di due anni. Se dimostrerete di avere le carte in regola vi sarà concesso un visto rinnovabile della durata di due. Sul piano ufficiale il Departement Trade and Industry (www.dti.gov.za) vi fornirà in inglese tutte le informazioni utili. Se è vero che la ricchezza del Sudafrica è fatta soprattutto di diamanti e di altre materie prime provenienti dall'industria estrattiva, il turismo è quello che registra i dati di crescita più sorprendenti. Una carrellata delle attività divise per zone potrà dare un'idea delle opportunità che offre il Paese. Città del Capo e, in generale tutta la zona occidentale, è la sede principale delle compagnie d'assicurazione e vendita di tutta l'Africa del Sud. I settori industriali più avanzati sono il tessile e l'alimentare, ma una menzione particolare va riservata alla produzione vinicola che si sta guadagnando un'ottima fama mondiale (è qui che si può percorrere la famosa *rotta del vino*). Port Elizabeth e East London accolgono soprattutto le fabbriche d'automobili. Durban è il porto più importante del Paese. Grazie alle sue bellezze e doti naturali (le coste sub-tropicali, le magnifiche catene montuose, la savana) la regione vive delle attività legate al turismo, all'agricoltura e all'industria (entrambe legate alla coltivazione della canna da zucchero). Lo Stato Libero (*Free State*), la cui capitale è Bloemfontein, è invece zona di giacimenti minerari, così come Mpumalanga, dove si produce soprattutto carbone, Limpopo e in generale tutto il nord-ovest. Qui si trovano due casinò conosciutissimi in tutto il mondo: Sun City e Lost City. Capo Nord, nuova provincia sorta nel 1994, vive anch'essa di miniere.

Vivere da pensionati in Sudafrica

I pensionati in Sudafrica sono ben accetti, ma devono dimostrare di avere a disposizione una pensione pari a almeno 2000 euro al mese. Esiste un visto che, se si corrisponde al profilo tracciato, viene rilasciato facilmente con validità di quattro anni e possibilità di essere trasformato in permanente abbastanza facilmente. In caso di dubbi o di problemi legati al disbrigo delle formalità esiste sempre la possibilità di consultare un *immigracion lawyer,* avvocato esperto in tema di migrazione. Ve n'è un numero impressionante disseminato in tutto il Paese. Un elenco abbastanza ben fornito si trova sul sito: www.hg.org/lawfirms/Immigration/South-Africa.html. Il Patronato ACLI e l'Agenzia delle Entrate dovranno essere consultati per capire in quale dei due Paesi vada effettuato il pagamento delle tasse sulla pensione percepita.

I siti/blog che parlano italiano

Se la vostra scelta cade su Città del Capo, vi sono due contatti affidabili a cui rivolgersi. Il primo www.viverecapetown.com dà utilissime e pratiche informazioni in italiano. Il secondo è gestito da Andrea Piantelli che mette a disposizione la sua esperienza di italiano stabilitosi nella capitale sudafricana, dove lavora per una nota marca di caffè. Anzi, si può dire che il rito del caffè all'italiana in questa città l'ha importato lui. Per la rete consolare italiana trovate qui tutte le indicazioni: www.italiansonline.net.

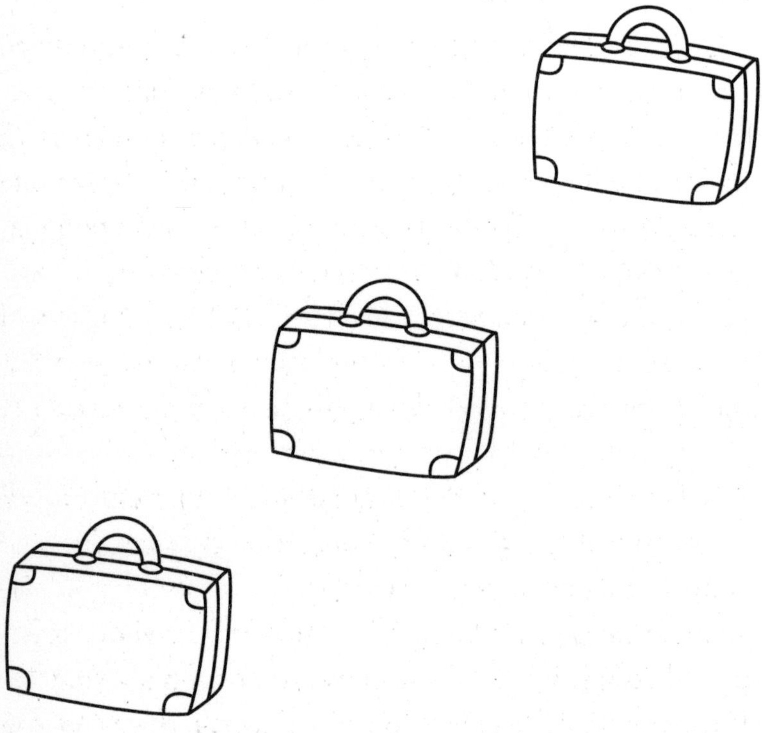

Thailandia

Thailandia, nuova vita nella *Terra dei Liberi.*

In lingua Thai il nome stesso del Paese vuol dire *liberi*. Proprio a un'idea di libertà dalle costrizioni della vita occidentale, è spesso legato il sogno, buono per tutte le età, di trascorrere il resto delle proprie giornate all'ombra di una deliziosa palma nell'antico regno del Siam. A chi non piacerebbe una prospettiva del genere? La bellezza della Thailandia sfiora la perfezione: le spiagge dalla sabbia fine, il mare caldo e trasparente e i paesaggi paradisiaci, sono riusciti a convincere più di un appassionato viaggiatore a decidere, una volta qui, di mettere radici.

Chi non ha desiderato almeno una volta nella vita di crogiolarsi al sole su lunghe spiagge color borotalco o di rinfrescarsi nei bellissimi laghi di mare di Phuket o di visitare la giungla tropicale? La capitale, Bangkok, offre, poi, oltre agli aromi, ai colori e ai rumori dei suoi animatissimi mercati fluviali, moderni grattacieli, dove l'attività del mondo degli affari di tutto il continente asiatico corre alla velocità delle connessioni internet, garantite in tutta la città. Qui la mano d'opera, qualificata e poco cara offre opportunità interessanti soprattutto per l'apertura di un'attività in proprio.

Diventata monarchia costituzionale nel 1939, la Thailandia è suddivisa in settantasei provincie amministrative. È principalmente a ridosso delle pianure più fertili che si addensa la popolazione locale. Del resto, la coltura, la trasformazione e l'esportazione dei prodotti agricoli sono le principali fonti di ricchezza del Paese, insieme all'allevamento intensivo di gamberetti. Anche il turismo rappresenta una risorsa importante. Il Paese, impregnato di cultura buddista, offre ottimi motivi per una visita: dalle arti millenarie, alla danza, alla pittura, all'artigianato, fino alla squisita cucina.

Bangkok e Phuket sono i due pilastri di questo straordinario Paese. Phuket, a 867 chilometri a sud di Bangkok, è la più grande isola della Thailandia e una delle prime stazioni balneari tropicali al mondo. Superato lo choc dello Tsunami del 2004, l'isola è risorta dalle sue ceneri e i lavori di ristrutturazione sono stati effettuati alla velocità della luce. Oggi più che mai l'isola dimostra di meritare il nome conferitole da tempo, quello di *Perla del Sud*. Collegata al continente da una strada, la sua costa, bordata di spiagge di sabbia bianca, di piccole e deliziose baie bagnate dalle acque blu del Mare delle Andamane, è addossata a verdi colline e fiancheggiata da file interminabili di palme di cocco e piantagioni di alberi della gomma. Un tempo la sua ricchezza proveniva dal commercio del caucciù e dal fatto di trovarsi su una delle rotte principali tra le Indie e la Cina. Oggi, invece, i superbi resort, i suoi deliziosi frutti di mare, le numerose attività sportive e il sole tutto l'anno, costituiscono le attrattive principali dell'isola e, dunque, anche la fonte delle sue entrate maggiori. Ricordate che, nonostante il sole brilli tutto l'anno, Phuket ha due principali stagioni: quella delle piogge (che va da maggio a ottobre) e quella calda (da novembre a aprile). Chi parte per la prima volta in vacanza, sia avvisato.

All'uscita dall'aeroporto di Bangkok si può avere la sensazione di essere assaliti dal rumore, il traffico, l'inquinamento, il calore. Addentrandosi nel cuore della capitale, però, essa svela una doppia anima. Divisa a metà dalla ferrovia, da una parte continua a vivere la vecchia Bangkok contornata dal fiume Mae Nam Chao Phraya, sede dei templi e dei mercati; dall'altra pulsa la città moderna, cementificata, trepidante e sofisticata, centro degli affari e patria di enormi centri commerciali che si succedono uno all'altro sulle grandi Avenue. Modernità e tradizione si fondono l'una nell'altra in un equilibrio perfetto, che dà vita all'arte di vivere thailandese. Nella cosiddetta "Venezia d'Oriente" è irrinunciabile la passeggiata in barca lungo i canali o lungo il fiume Chao Phraya e non si potrà fare a meno di visitare gli splendidi monumenti della città: oltre quattrocento tra templi buddisti e santuari. Tra questi, il magnifico Wat Phra Kaew, che ospita il Buddha di smeraldo, e il Palazzo Vimanmek (la Residenza Celeste), il più grande edificio del mondo costruito in legno tek. Dieci milioni di abitanti vivono a Bangkok, ovvero il 10% della popolazione nazionale. La capitale è meta di una migrazione interna, attirata dal suo sviluppo economico e dal fatto che tutto si concentra qui: l'amministrazione, la grande industria, il cuore politico e culturale del Paese.

Tutta da provare è poi la raffinata cucina tipica, frutto della perfetta fusione tra l'influenza secolare dell'Oriente e dell'Occidente. Gli ingredienti fondamentali? La fauna acquatica, il riso, le piante, le erbe aromatiche, la cottura al vapore o alla griglia e le profumatissime spezie.

Vademecum per l'espatrio

L'espatrio in Thailandia deve essere studiato minuziosamente e, soltanto una volta sul posto, si potranno veramente fare le giuste valutazioni sulle scelte da compiere. Innanzitutto, preparatevi da un punto di vista linguistico. L'inglese è d'obbligo, ma non tralasciate il Thai, la lingua ufficiale. I viaggiatori in arrivo in Thailandia devono essere in possesso del passaporto valido sei mesi, del biglietto aereo di andata e ritorno e di una somma di denaro sufficiente a mantenersi. Un visto rilasciato dall'Ambasciata thailandese (www.thaiembassy.it) o dal consolato sarà obbligatorio se la permanenza supererà i trenta giorni. Ne esistono vari, tra questi il turistico singolo (valido fino a sessanta giorni prolungabili di altri trenta), il cosiddetto multy-entry (permette due entrate da sessanta giorni estendibili ogni volta per altri trenta) e quelli specifici per determinate categorie come gli uomini d'affari, i dipendenti e gli studenti. Naturalmente regole del gioco possono cambiare in qualsiasi momento. È opportuno informarsi bene negli uffici appositi, prima di acquistare biglietti aerei o prendere importanti e dispendiose decisioni.

Oltre alle autorità thai in Italia, l'Ufficio immigrazione thailandese fornisce preziose informazioni (www.immigration.go.th).

Aprire un capitolo dedicato alla dogana, è importante per un Paese come la Thailandia, dove, per alcuni tipi d'infrazione, sono previste pene molto severe, fino alla detenzione. È bene, dunque, sapere che tutte le valute pari a un montante superiore ai 15.000 euro devono essere dichiarate. Consumare droga è severamente vietato (per questo reato è prevista anche la pena di morte), così come commerciare e acquistare articoli o oggetti di carattere pornografico (purtroppo questa norma, seppur rigida non riesce a essere del tutto efficace nella lotta al fenomeno del turismo sessuale) e contraffatti (siamo nel regno delle copie di prodotti griffati e protetti da copyright). Non si possono, inoltre, portare fuori dal Paese gli animali di specie protette. Per un'attività di import-export bisogna sapere che su alcune tipologie di articoli vige l'obbligo di richiedere un permesso previo, come: immagini di Buddha, arte religiosa o antica; armi, pallottole e affini; piante e materiali vegetali; animali in vita e prodotti provenienti dagli animali; alimentazione e medicine; sigari, sigarette e alcool; equipaggiamento di telecomunicazione e wi-fi. Consultate la voce *dogana* sul sito dell'aeroporto internazionale di Bangkok (www.airportsuvarnabhumi.com/category/airport-customs).

La moneta è il baht, il cui valore è fortemente instabile. Aprire un conto in banca non è complicato per uno straniero e lo si può fare in diverse valute. I residenti devono presentare: passaporto, permesso di lavoro o visto valido almeno tre mesi, giustificativo di domicilio e certificato di scolarità per gli studenti. Per i non residenti basta il passaporto in corso di validità. Tra le banche principali: Bangkok Bank; Central Bank of Thailand; HSBC Thailand; Citibank Thailand; Siam Bank. Se si pensa di sostare un po' più a lungo in quest'affascinante Paese, prestate particolare attenzione alla questione sanitaria. Per prima cosa rimettete in ordine i vaccini classici (difterite, tetano, poliomelite...) e poi sappiate che il paludismo è ancora diffuso, soprattutto nelle regioni settentrionali, al confine con Laos e Cambogia. Per quanto riguarda l'assistenza sanitaria, le strutture thailandesi sono di buon livello, almeno negli agglomerati urbani e nei centri turistici più popolari. Il settore pubblico copre circa il 70% dei servizi. Il sito del ministero della Sanità potrà esservi d'aiuto, una volta sul posto, in caso di dubbi su vaccini o modalità di prevenzione: (http://eng.moph.go.th/).

Trovare alloggio in Thailandia non è difficile. Sono numerose le tipologie tra le quali potrete scegliere: dall'appartamento alla villa singola. Per quanto riguarda Bangkok, una guida redatta da un gruppo di espatriati francesi (www.expat-blog.com/fr) spiega bene le caratteristiche dei vari quartieri. Tra questi segnaliamo: Sukhumvit, dinamico, commerciale, animato, ben servito da metro e treno e con molti appartamenti di alto standing; Silom/Sathorn, quartiere degli affari, ottimamente collegato dai mezzi pubblici, molto vivace, con negozi, ristorantini e un'interessante vita culturale; Ratchadapisek, residenziale, decentrato, calmo, ma un po' più caro. La fluttuazione dei prezzi dipende dai quartieri, la superficie, lo standing e le prestazioni. I prezzi sono elevati rispetto al livello di vita dei thailandesi, ma decisamente accessibili per gli stranieri abituati agli standard occidentali: a partire da 500 euro si può affittare una villa in periferia e aggiungendo qualche centinaio di euro si ha a disposizione anche il personale di servizio. I prezzi possono addirittura scendere a 250 euro, persino vicino alle prestigiose spiagge di Phuket o Pattaya. Tra i siti in cui si possono trovare alloggi in affitto e acquisto figurano i media online: www.bangkokpost.com, www.nationmultimedia.com, www.phuketgazette.net e le agenzie: www.century21.co.th, www.thaiapartment.com, www.roominbangkok.com, www.bangkok.craigslist.co.th. Le ville a ridosso delle spiagge abbondano e i prezzi, per acquistarne una, vanno dai 50.000 euro in su. Per questo sono numerose le agenzie che offrono un servizio completo, come: www.it.phuket-seaview-realestate.com o www.tecnocasathailand.com (sito gestito da un italiano).

Per poter lavorare in Thailandia dovrete richiedere un visto specifico prima dell'espatrio e, al vostro arrivo in Thailandia, effettuare una domanda di permesso di lavoro. Per la trafila e i documenti richiesti, contattate, oltre alle autorità thailandesi in Italia, l'Ufficio d'immigrazione di Bangkok e One Stop Service Center (www.onestopservices.org). Tenete presente, comunque, che la ricerca di un posto di lavoro è regolata da norme rigide e draconiane. L'economia negli ultimi anni, inoltre, viaggia a velocità ridotta, a causa degli ultimi avvenimenti climatici e dell'instabilità politica. Bangkok dovrà essere il vostro punto di riferimento se lo scopo è quello di trovare un lavoro da dipendente. È qui, infatti, che si concentrano le aziende più grandi nei campi più disparati e se si ha una specializzazione si può essere fortunati. I settori che assumono forza lavoro straniera sono: gastronomia europea, insegnamento (ma qui i madrelingua italiani sono svantaggiati, perché è richiesto prettamente l'inglese), l'informatica, le attività sportive e inerenti al turismo. Al momento il salario minimo fissato dal Governo thailandese per gli stranieri è pari a 1000 euro al mese e contando che la vita è molto meno cara che in Europa, i più dovrebbero starci comodamente dentro.

Tante idee e un piccolo gruzzolo potranno essere sufficienti per avviare con soddisfazione un'attività in proprio.

La burocrazia è più snella di quella italiana, l'importante, però, è rispettare le regole e, naturalmente, pagare le tasse dovute. Il capitale minimo richiesto è pari a 40.000 euro (da depositare in banca a nome della società). Alcune attività – vedi la lista sul sito del Board of Investment of Thailandia (www.boi.go.th/english) – godono poi di particolari aiuti da parte delle autorità. È sempre comunque interessante consultare la Camera di Commercio italiana in loco (www.thaitch.org). Neanche a dirlo, molti degli imprenditori stranieri stabilitisi in Thailandia hanno beneficiato dei bassi costi di produzione guadagnandone largamente in competitività sul mercato internazionale.

Vivere da pensionati in Thailandia

Dai dati recenti emerge come la Thailandia sia una delle mete privilegiate dei pensionati americani e tedeschi, a cui si sono aggiunti recentemente anche gli italiani. Il basso costo della vita, un mercato immobiliare tutto sommato abbordabile, buone strutture sanitarie e non troppo care, buon cibo e cultura mistica sono indubbiamente tra i fattori di maggior richiamo. Naturalmente, Bangkok resta la città più cara della Thailandia, ma sarà sufficiente spostarsi appena fuori, tipo a Chang Mai e il costo della vita diventerà visibilmente più accessibile. Resta da mettere in preventivo un'assicurazione sanitaria, ma esiste addirittura la possibilità di sottoscriverne una collettiva: raccogliendo un numero limitato di adesioni, si ha diritto a un'assicurazione, detta BUPA, che richiede l'esborso di nemmeno 20 euro al mese per persona (è però valida soltanto fino a settanta anni). La questione delle tasse cambia, invece, da zona a zona. Normalmente quelle sulla pensione dovrebbero essere pagate in Italia, ma se il pensionato ha attivato un procedimento di *detassazione* presso la propria INPS, dimostrando in questo caso di essere residente in Thailandia, potrà pagare le tasse in loco. Siccome questa tematica è soggetta a cambiamenti in base a nuove leggi o alla revisione dei trattati tra i paesi, è sempre meglio informarsi per tempo presso l'INPS e l'Agenzia delle Entrate in Italia.

I siti/blog che parlano italiano

Tra i siti più completi curati da connazionali stabilitisi sulle sponde dell'Oceano Indiano, merita una visita quello di Micaela, www.quiphuket.it, italiana residente a Phuket, che racconta molte cose interessanti sulla *Perla del Sud*, dà ogni sorta di informazioni utili e ha persino redatto una mappa interattiva per localizzare gli altri compatrioti attivi sull'isola, soprattutto nel campo ristorazione. È qui che troverete rapidamente tutti gli indirizzi utili nel caso vi dovesse assalire un'improvvisa crisi d'astinenza da pizza margherita. Avvisa, invece, dei problemi legati all'espatrio il blog Amici di Phuket (www.amicidiphuket-giornale.blogspot.com.es), perché non si pensi che sia tutto oro quel che luccica!

Germania

L'El Dorado dei giovani europei.

Leader europeo indiscusso sul piano economico, la Germania rappresenta oggi una sorta di El Dorado lavorativo che Paesi come la Spagna, il Portogallo o l'Irlanda non sono più da alcuni anni. La crisi economica di questi anni ha penalizzato soprattutto i giovani della zona Euro: neolaureati, qualificati e plurititolati, vedono in questo Paese mitteleuropeo la loro unica speranza di trovare un lavoro all'altezza della loro preparazione e delle aspettative.

Ma è veramente tutto oro quel che luccica? Vale veramente la pena espatriare in Germania?

Innumerevoli e incantevoli le sue città: Monaco di Baviera, città dalle tinte meridionali, sede della famosissima *Oktoberfest*,; Berlino, punto di riferimento delle avanguardie artistiche; la languida Amburgo, importante porto fluviale sul fiume Elba; l'elegante Francoforte, centro finanziario del Paese e sede della Banca Centrale Europea, nei cui svettanti grattacieli si decide il destino economico d'Europa; Stoccarda, sede di una prestigiosa università, rinomata per le sue facoltà di medicina; Weimar, città di Goethe e Schiller.

La bellezza e il fascino tedesco non sono però riconducibili esclusivamente alle atmosfere cittadine. Molte sono anche le sue bellezze naturali, come la Foresta Nera, vera e propria oasi per escursionisti, sciatori e amanti dell'alta quota e il bellissimo lago di Costanza, uno dei più grandi d'Europa. La Germania, poi, annovera una tradizione culturale unica al mondo. Patria di poeti, compositori e pensatori fondamentali per lo sviluppo del pensiero occidentale, basti citare Kant, Nietzsche, Mark, Engels, Bach, Wagner, solo per citarne alcuni, dissemina su tutto il territorio tracce di un glorioso passato imperiale, i meravigliosi castelli della Baviera così come quelli della valle del Reno ne sono un esempio e, più in generale, di una storia estremamente interessante, anche nei suoi aspetti più dolorosi.

Dopo averne cantato le lodi, è doverosa, però, una precisazione: per un europeo del sud trovarsi nella Repubblica Federale di Germania può significare dover apprendere un modo di pensare tipicamente nordico, fare i conti con un clima generalmente rigido, imparare una lingua un poco ostica, conoscere e rispettare precise regole di convivenza. È importante, dunque, partire preparati.

Vademecum per l'espatrio

Sul fronte burocratico in Germania gli europei giocano, ovviamente, in casa. Con carta d'identità o passaporto validi si può tranquillamente vivere e lavorare come un cittadino tedesco. Informazioni approfondite saranno, comunque, facilmente reperibili all'ambasciata con sede a Roma (www.rom.diplo.de), al consolato di Milano (www.mailand.diplo.de) e, sempre a Milano, presso l'Ente Nazionale Germanico per il Turismo (www.germany.travel). Lo scoglio più ostico, in questo caso, è la lingua che, volente o nolente, va studiata e assimilata bene (non è poi così vero che in Germania parlano tutti perfettamente l'inglese come seconda lingua). Niente scuse, quindi. Gli istituti culturali Goethe Institut si trovano un po' in tutta Italia e offrono un'ottima formazione linguistica.

Per quanto riguarda la sanità sarà utile sapere che dal 2009 le autorità tedesche richiedono un'assicurazione sulla malattia obbligatoria. Gli europei hanno diritto alla TEAM (Tessera Europea di Assicurazione Malattia) che si può richiedere in Italia prima di partire e che vi darà diritto alle stesse cure e all'assistenza sanitaria dei cittadini tedeschi. Se però intendete fermarvi a lavorare nel Paese per oltre un anno vi sarà richiesto di possedere un'assicurazione tedesca. Questa può essere fornita o direttamente dallo stato o da un privato. Quella pubblica è, di solito, più conveniente e ricopre quasi tutta la casistica. In generale medici, ospedali e medicine sono molto cari.

Per un lavoratore, comunque, l'assistenza sanitaria è parte integrante del contratto d'ingaggio (pagata in parte dal datore di lavoro e in parte dal lavoratore). Esiste, inoltre, la cosiddetta assicurazione assistenza infermieristica. È in pratica un contributo obbligatorio ai fini di assicurare al malato l'assistenza infermieristica sia che si tratti in ospedale o a domicilio. Rientra nel quadro della legge per la sicurezza sociale approvata in Germania nel 1995. Il sito del ministero della Sanità vi sarà indispensabile per reperire ogni tipo di informazione utile sull'argomento: www.bmg.bund.de.

Per aprire un conto in banca occorre il documento d'identità e un giustificativo di domicilio. Il conto corrente di base si chiama Girokonto e permette di ritirare denaro presso gli sportelli, effettuare pagamenti, domiciliare bollette. Un sistema capillare garantisce la presenza su tutto il territorio delle principali banche tedesche, tra cui: Deutsche Bank, Bayerische Vereinsbank, Kommerzbank, HVB. Ci sono poi ancora le casse di risparmio, Sparkasse, presenti nelle principali città (Amburgo, Hannover, Colonia, Monaco). Interessante anche il libretto postale Postsparbuch, con il quale è possibile prelevare in molti Paesi d'Europa senza pagare commissioni.

Vivere e lavorare in Germania

Berlino è oggi una delle città più gettonate dagli italiani – soprattutto i più giovani – grazie anche a un mercato immobiliare in grado di offrire alloggi in affitto, vendita o per investimento a prezzi del tutto accessibili, a differenza delle sue consorelle Londra, Parigi, Milano, Roma, Madrid, Barcellona dove hanno ormai preso il volo. Gli appartamenti, dunque, non sono in generali cari, ma bisogna fare una distinzione tra i differenti quartieri suddivisi nei dodici distretti. Ricordando che Berlino è stata riunificata da relativamente poco tempo (parliamo dell'inizio degli anni Novanta, con la caduta del muro), il sito www.international-home.net traccia un'interessante mappa dei quartieri più in voga della città attuale, mettendone in evidenza i due centri: a ovest, Charlottenburg (tra il Zoologischer Garten e il Kürfurstendamm), mentre a est, il quartiere Mitte (tra la porta di Brandeburgo e Alexanderplatz) dove i prezzi si alzano notevolmente. Il sito, che funge anche da bacheca per annunci di domanda e offerta, segnala in particolare cinque quartieri, che definisce interessanti per rapporto qualità prezzo: Charlottenburg-Wilmersdorf, nella zona ovest, dotato di eleganti palazzi d'epoca e attraversato dal famoso Kürfurstendamm, il viale delle griffe e degli acquisti di lusso; Schöneberg, multirazziale e tollerante (è qui che si ritrova, tra l'altro, la comunità gay), caratterizzato dalla presenza di aree verdi e parchi; Kreuzberg, adatto a chi sia interessato alle tendenze e alla moda, offre una bella mescolanza sociale, dagli yuppies, agli artisti, ai punk, alle famiglie borghesi e una vita culturale e notturna al top; Prenzlauer Berg, crocevia della riunificazione, ben rinnovato e pensato soprattutto per le famiglie. Aggiungiamo a questa breve lista anche Friedrichshain, un tempo parte della

Germania Est e recentemente colonizzato dal popolo degli studenti che lo hanno eletto a loro luogo di aggregazione per eccellenza. Parla la nostra lingua e offre un servizio studiato appositamente per gli italiani, il sito www.caseaberlino.com. A seconda delle zone, l'agenzia propone bilocali a 325 euro al mese (50 mq), fino ad appartamenti in quartieri chic e ricercati che salgono a 3000 euro per 70 mq. I quartieri più popolari sono valutati sui 10 euro/mq al mese. Per l'acquisto, il metro quadrato dovrebbe viaggiare attorno ai 1500 euro/mq, toccando punte massime di 2000/2200 euro, ma si dovranno fare dovute distinzioni a seconda delle tipologie, la posizione, e le superfici. Da consultare, tra le numerose agenzie immobiliari autoctone www.fineandmine.de e www.cominghome.org. Per finire, non dimenticate di consultare gli annunci delle pagine dei principali quotidiani («Tagenspiel», «Morgenpost») e i siti: www.wg-gesucht.de, www.immobilienscout24.de.

Ingegneri e specialisti nelle telecomunicazioni non dovrebbero avere problemi a trovare lavoro in Germania, sempre che si sappia parlare bene il tedesco. Sono proprio questi i profili qualificati più ricercati. I campi in cui si registra una maggiore domanda di personale sono, oltre all'ingegneria, quello medico, turistico e dell'insegnamento. Essendo il secondario il settore più sviluppato, tra gli ingegneri le specializzazioni più richieste sono: industriale, civile, informatico, meccanico. Ci sono poi i disegnatori grafici e gli analisti informatici. Anche medici, odontoiatri e infermieri possono trovare buone opportunità. Tra questi ultimi, possono aspirare a impieghi molto bene remunerati quelli con esperienza in reparti di geriatria e riabilitazione. Arrivano poi gli economisti, i consulenti finanziari, gli amministratori. Il salario medio di un lavoratore altamente specializzato è di circa 83.000 euro annuali. Per tutti gli altri, anche se non esiste un salario minimo garantito per legge, non si dovrebbe scendere sotto i 1150 euro mensili. Tra i siti da consultare per la ricerca del lavoro, quello dell'Agenzia del Lavoro Tedesca (www.arbeitsagentur.de) e vari altri tra cui www.monster.de, www.scout24.com, www.adecco.de, www.manpower.de. Può essere sempre utile dare un occhiata anche ai quotidiani nazionali e regionali o alle testate online: www.berlinonline.de, www.berliner-zeitung.de. Berlino è, sicuramente, la meta più agognata, soprattutto dagli amanti della cultura e delle atmosfere stimolanti e creative, ma altre zone della Germania offrono una vita meno costosa e opportunità sul piano occupazionale, come tutta l'area della Ruhr (molto industrializzata), il Baden-Württemberg e la Baviera con la sua capitale, Monaco.

In quanto all'iniziativa privata, Berlino, nel giro di vent'anni si è trasformata in un vero e proprio paradiso per i freelance e le *start-up* digitali e creative. Pare che tutto l'universo dell'IT si concentri proprio qui il che, udite udite, sta pian piano segnando una linea di tendenza secondo la quale l'inglese potrebbe presto soppiantare il tedesco come lingua predominante. Insomma, la *Web economy* vive e prospera a Berlino. Prova ne sia una delle recenti eccellenze italiane in rete, Twago, sito web (www.twago.it) dedicato all'*outsourcing*, da consultare imprescindibilmente e non solo per chi voglia trasferirsi in Germania.

Vivere da pensionati in Germania

Avete pensato di volere andare a vivere in Germania una volta liberi dai vincoli lavorativi e essendo riusciti a mettere da parte un piccolo gruzzolo che vi permetta di vivere senza preoccupazioni? A dire il vero la tendenza è di solito inversa. È noto, infatti, l'esodo dei pensionati tedeschi verso lidi più accattivanti, per lo più Italia, Grecia, Spagna o mete caraibiche ed esotiche, che offrano la possibilità di trascorrere un meritato riposo addolcito dal sole. Se però è l'aria teutonica ad attirarvi con la sua cultura classica e i movimenti artistici d'avanguardia, Berlino fa senz'altro al caso vostro. Tenete comunque presente quanto segue: l'assistenza sanitaria sarà a vostro carico e non è necessariamente molto economica (vedi paragrafo precedente). Il sito da consultare in Italia a questo proposito è quello del ministero preposto (www.salute.gov.it). Per quanto riguarda le tasse, questo dipenderà dagli accordi della Germania con il Paese d'origine e l'ideale è consultare un esperto in materia o rivolgersi al Patronato INCA-CGIL presente in Germania (www.patronato-inca.de). Per cominciare a socializzare e a integrarsi nel nuovo Paese oltre a frequentare i punti di ritrovo della comunità italiana, consigliamo di associarsi a uno dei numerosi *Vereine* (club) che offrono di tutto: dalle attività sportive, ai giochi di società, alla cultura ai viaggi.

I siti/blog che parlano italiano

Tra le miriadi di blog, siti, testate online che popolano la rete, segnaliamo i seguenti: www.zingarate.com, sito molto ben fatto a cura del giornalista e scrittore Andrea D'Addio – che vive e lavora a Berlino – dove troverete moltissime informazioni, consigli e guide per quanti intendano trasferirsi nella capitale. Il sito è molto completo e offre una panoramica interessante di questa città che ha già incantato parecchi connazionali. «Il Nuovo Berlinese» (www.ilnuovoberlinese.com) è una testata redatta completamente in italiano. Un poco più vecchio stampo rispetto alle simpatiche *zingarate* di Andrea, la testata è tuttavia molto completa, scritta bene e rende edotti su tutto quanto faccia cultura a Berlino. Vi è poi www.italianiaberlino.it, dove Ruth elargisce i suoi consigli pratici per la sopravvivenza e molto altro ancora.

Inghilterra

L'Inghilterra, patria di regine e dell'anticonformismo

L'Inghilterra è l'esempio di come si possa espatriare restando in Europa. Sebbene anche qui la crisi si faccia sentire, essa offre ancora molteplici opportunità, grazie a un mercato del lavoro flessibile, dove competenza e meritocrazia sono alla base di molti impieghi e ascese di carriere. Ma non è soltanto per questo che l'Inghilterra non cessa di attirare migranti. Il suo patrimonio culturale, gli edifici prestigiosi, i musei con le loro grandi esposizioni di fama internazionale e poi un dinamismo artistico fuori dal comune nel campo della moda e della musica sono delle referenze apprezzate ovunque.

Esiste un'unicità in questo Paese che non cessa di sorprendere: l'armoniosa convivenza tra un rigoroso attaccamento alla monarchia e alle tradizioni e un anticonformismo sorprendente. Il punk e l'uomo della *city*, in completo giacca e cravatta, che camminano fianco a fianco per le strade di Londra: ecco una delle immagini esemplari di un Paese mai scontato che non smette di sorprendere.

L'Inghilterra è la nazione più grande del Regno Unito di Gran Bretagna e Irlanda del Nord, amministrato secondo le regole di una monarchia parlamentare. Essa è molto più dei cliché con i quali si tende comunemente a identificarla (l'ora del tè, la famiglia reale, i business man in completo tweed), basti pensare alla sua capitale, Londra, metropoli moderna, dinamica e cosmopolita in cui convivono circa cinquanta diverse nazionalità e trecento lingue. Londra ha un respiro non solo europeo, ma internazionale e il multiculturalismo è una delle sue bandiere. Questo piace molto anche agli italiani che, trasferendosi qui, sono andati esattamente alla ricerca di quella eccitante sensazione che dà l'assistere da una posizione di vantaggio alla nascita di tendenze e movimenti culturali sempre un po' più avanti con i tempi.

Ma Londra non è l'unica città dell'Inghilterra. Chi volesse seguire le orme di quei *quattro ragazzi* che hanno rivoluzionato la musica pop negli anni Sessanta-Settanta troverà a Liverpool pane per i suoi denti. La passione per il calcio e la musica animano profondamente questa città in cui si respira anche un vitale dinamismo culturale. Non possiamo non menzionare Bristol, per molto tempo la seconda città del Paese, con alle spalle un glorioso passato di porto commerciale per lo smercio del vino con Francia e Portogallo, e Manchester, antica capitale industriale del

Paese, re-inventatasi oggi come città degli affari e centro di una fiorente cultura contemporanea. E ancora Birmingham, seconda città d'Inghilterra per popolazione e sede oggi di numerosi centri commerciali e industrie, in particolare del settore auto; Leeds, Bradford, Sheffield e Newcastle, vitali centri regionali del nord; Oxford e Cambridge deliziose e verdissime cittadine, sedi di prestigiose università, che preparano le classi dirigenti della nazione. E se il verde della campagna inglese non dovesse essere sufficiente, i paesi confinanti, Scozia e Irlanda, sopperiscono con splendidi e lunari paesaggi.

Vademecum per l'espatrio

Carta d'identità valida per l'espatrio o passaporto sono sufficienti per recarsi nel Regno Unito, ma ricordatevi che questo Paese non fa parte della zona Schengen e ha mantenuto la sterlina come valuta nazionale. Per il resto, i cittadini italiani non hanno bisogno di permessi di lavoro per poter operare nel Regno Unito, con un'unica eccezione: se si vuole lavorare nelle isole anglo-normanne o sull'isola di Mann, occorre ottenere un permesso specifico. In ogni caso i siti utili a cui ricorrere sono: l'Ambasciata inglese di Roma (www.ukinitaly.fco.gov.uk/it/), il Consolato generale britannico di Milano (www.ukinitaly.fco.gov.uk/it/about-us/other-locations-in-italy/milan), l'Ambasciata italiana di Londra (www.amblondra.esteri.it/Ambasciata_Londra), il Consolato generale britannico a Londra (www.conslondra.esteri.it/Consolato_Londra). Per qualsiasi dubbio su permessi e visti per i cittadini non italiani, rivolgersi al sito nazionale www.ukba.homeoffice.gov.uk

Per quanto riguarda la lingua, si sa, l'inglese è imprescindibile, meglio se impreziosita dall'accento di Oxford e Cambridge, caldamente raccomandato per farsi capire e ben volere al primo colpo dagli autoctoni. Quindi siete avvisati: non esistono scorciatoie a un buon corso e a tanto studio se si vuole avere una preparazione di base adeguata. Risiedere sul posto, poi, perfezionerà in poco tempo vocabolario e pronuncia.

Il National Health Service è il sistema sanitario nazionale pubblico ai cui servizi possono accedere solo coloro i quali risiedono regolarmente in Inghilterra. Tenete presente, quindi, che è unicamente la residenza e non la nazionalità o il fatto che paghiate le tasse, a darvi il diritto di usufruire delle cure pubbliche. Per prima cosa dovrete registrarvi presso un medico dello Stato, indicato come GP (General Pratictioner). La lista completa la trovate nel sito www.nhs.uk/servicedirectories: qui recepirete tutte le informazioni per sapere quali visite sono completamente gratuite e quali no. Per esempio, le visite dentistiche, pur essendo molto, ma molto meno care di quello che potrebbero costarvi rivolgendovi a uno studio privato, di solito richiedono il pagamento di una piccola somma.

Per aprire un conto bancario vi verrà richiesto un documento di identità e un indirizzo di residenza, da attestare con regolare contratto d'affitto e busta paga. C'è un sito che offre un servizio utilissimo per decidere che tipo di conto bancario aprire e cioè www.money.co.uk. Il servizio, gratuito mette a confronto circa duecentotrentatré tipi di conto corrente di diverse istituzioni bancarie inglesi. Il sito è di facile consultazione e vi consentirà di scegliere quello con le caratteristiche più vicine alle vostre esigenze, valutando il tipo di scoperto che potrete avere, il tasso d'interesse, la possibilità o meno di avere un libretto degli assegni e molto altro. Se vi interessa solo una tipologia di conto, il sito automaticamente filtra la ricerca in base alla vostra richiesta. In ogni caso il servizio è puramente informativo quindi è bene verificare poi di persona direttamente agli sportelli dei diversi istituti di credito. In Inghilterra esiste poi un'istituzione che si occupa di eventuali disguidi dovuti a errori bancari, rimborsando eventualmente i clienti, se necessario. Per avere informazioni su questo consultate il sito www.financial-ombudsman.org.uk.

Vivere e lavorare in Inghilterra

Negli ultimi tempi pare che gli italiani siano tra i compratori stranieri più presenti sul mercato immobiliare inglese. Chi, comunque, non disponga di una discreta somma può cominciare a cercare una casa in affitto, partendo da questi tre siti: www.findaproperty.com, www.rightmove.co.uk, www.torent.co.uk. Naturalmente ne esistono moltissimi altri, ma questi sono tra i più seri e affidabili. Sia che vogliate affittare sia che vogliate comprare, possono esservi utili altri due siti consigliati dall'ambasciata: www.naea.co.uk e www.zoopla.co.uk/find-agents. Tenete presenti che i prezzi di Londra sono quasi proibitivi, soprattutto quelli della locazione, quindi la voce spesa per la casa, deve essere attentamente valutata nel vostro *budget*. Inoltre, è caldamente consigliabile prestare sempre molta attenzione quando si va a visitare una potenziale abitazione. Per questo, anche se può costare qualcosa in più, in Inghilterra è sconsigliato il fai-da-te ed è buona cosa rivolgersi alle agenzie. Una delle soluzioni abitative molto in voga, soprattutto a Londra, è la condivisione. Ci sono ormai diversi siti internet che mettono in contatto i possibili aspiranti a una vita comunitaria. Tra questi: www.uk.easyroommate.com, www.findaflat.com, www.communities.gov.uk/housing.

Siccome l'Inghilterra è la patria delle liberalizzazioni, sarà bene sapere che, per quanto riguarda i contratti delle forniture acqua e gas, le tariffe sono molto diversificate. Il consumatore ha in questo caso un'ampia scelta. Per districarsi meglio tra le varie offerte, il sito da consultare è www.ofgem.gov.uk, organismo che coordina i vari gestori.

Nonostante la crisi economica, il mercato del lavoro resta accessibile, anche se tutto dipende da età, aspettative e specializzazioni.

I giovani disposti a qualche sacrificio possono trovare un lavoretto in ristoranti e pub con relativa facilità, strada da non disdegnare anche sotto il profilo umano e formativo. Riuscire a guadagnare qualche soldo per mantenersi dignitosamente è, spesso, un trampolino di lancio verso una maggiore intraprendenza e consapevolezza dei propri mezzi. Se, invece, non siete più dei ventenni, l'Inghilterra ha ancora molto da offrire se avete una specifica preparazione professionale e un'ottima conoscenza della lingua.

Non sono pochi gli italiani con professionalità altamente qualificate che hanno trovato lavoro nella *City* in compagnie di *information technology*, in società finanziarie, in imprese di ingegneria o di tecnologia web. I salari orari minimi vengono aggiornati ogni primo di ottobre dal Governo britannico, gli ultimi dati disponibili stabiliscono che tale cifra – per gli adulti al di sopra dei ventidue anni – debba attestarsi poco al di sopra dei 7 euro. Negli ultimi anni il Regno Unito sta diventando interessante anche per i lavori legati al turismo. L'industria della ricezione turistica inglese sta facendo registrare incrementi interessantissimi, sia per numero di visitatori, sia per numero di addetti e impiegati. Anche in questo settore sono particolarmente ricercate figure di alta professionalità. Vi consigliamo, se siete interessati, di consultare il sito www.thlcareers.com. Questo, mettendo in rete moltissimi siti divisi per area di competenza e professione, è forse lo strumento più agile e veloce per la ricerca di un impiego. Altri siti utili per la ricerca del posto di lavoro sono: www.jobcentreplus.gov.uk, www.adecco.co.uk, www.candidate.manpower.co.uk, www.toplanguagejobs.co.uk, specializzato nelle offerte di lavoro rivolte a chi voglia insegnare le lingue straniere. Tenete sempre presente che l'Inghilterra è un Paese che mette alla prova le effettive competenze più ancora dei titoli di studio. Potete farvene un'idea seguendo con regolarità i forum di discussione dei vari siti e blog che parlano di questo Paese. Quindi ricordate: ottima conoscenza della lingua e una qualificata specializzazione professionale possono essere un gran bel biglietto da visita, ma non sono sufficienti se non dimostrerete sul campo le vostre capacità umane, relazionali e di gestione delle difficoltà. Per avere informazioni sulle leggi che regolamentano il lavoro dipendente consultate il sito www.direct.gov.uk/en/index.htm.

Se invece state pensando di intraprendere un'attività imprenditoriale, di certo non siete soli: nel 2009 il Regno Unito è stata la nazione europea con il più alto numero di investitori stranieri. Molti sono i fattori che possono spiegare questo fenomeno, tra cui un costo del lavoro relativamente basso e un sistema di tassazione che, per le società, continua a essere piuttosto vantaggioso. Non secondaria è anche la vocazione internazionale del Paese, garanzia di una rete di contatti e di mercati potenzialmente mondiale. La Camera di Commercio italiana a Londra potrà esservi d'aiuto al fine di ottenere informazioni sui passi da intraprendere in materia di fiscalità e sull'aspetto giuridico: www.italchamind.eu/EN. Per avere una completa panoramica dei diversi tipi di società che si possono costituire, sui relativi costi e sul sistema tassativo e di rimborsi, sarà utile, inoltre, consultare il sito governativo: www.hmrc.gov.uk.

Vivere da pensionati in Inghilterra

Pensionati all'ombra del Big Ben o nella rigogliosa, per quanto abbastanza umida, campagna inglese? Perché no! Una buona cosa da sapere è che la patente italiana è valida anche in Inghilterra, ma solo fino all'età di settanta anni. Superata quest'età, il documento potrà essere rinnovato soltanto a seguito di una visita medica obbligatoria. Non ci sono problemi per stabilire la propria residenza nel Regno Unito da pensionati, ma tenete presente che bisogna ricevere almeno 2500 euro di pensione al mese per poter mantenere se stessi ed eventualmente la famiglia. Prima di poter avere la residenza permanente, dovrà comunque passare un periodo, pari a cinque anni, in cui la vostra determinazione verrà messa seriamente alla prova. Sul sito che si occupa delle questioni legate all'immigrazione, potrete trovare informazioni e contatti utili: www.aboutimmigration.co.uk. L'Agenzia delle tasse italiane e il patronato ACLI in loco sapranno dirvi come funziona il sistema di tassazione. Per quanto riguarda la sanità, il primo passo da fare è richiedere in Italia la TEAM. (Tessera Europea Assicurazione Malattia). Questa ha la validità di un anno e garantisce l'accesso alla sanità pubblica e a tutte le strutture sanitarie del Paese. Se si decide di risiedere in modo permanente, non producendo reddito, è possibile che alcune prestazioni sanitarie vi siano precluse. Sarà bene consultare il sito apposito per capire tutte le questioni relative al tema: www.italiansoflondon.com.

I siti/blog che parlano italiano

I siti, forum, blog di italiani in Inghilterra abbondano. In rete, dunque, non avrete che l'imbarazzo della scelta. Ecco la nostra selezione: www.italianialondra.com, utilissimo per chi voglia avere ogni sorta di informazioni pratiche, www.quilondra.com, interessante e sfizioso, vi terrà aggiornati su tutte le novità della casa reale, www.italiansoflondon.com, per finire, fa parte della famosa e ormai tradizionale rete *italians*, una delle prime sorte all'estero: ha perso un po' di smalto rispetto agli esordi, ma è pur sempre molto utile.

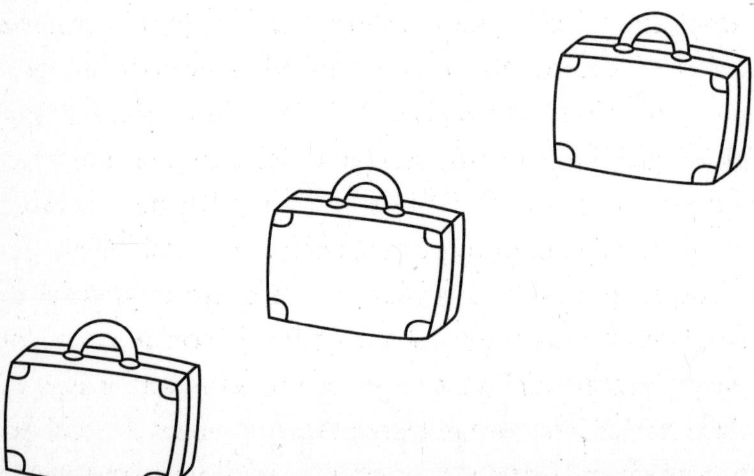

Norvegia

Il glaciale nord, ricco e in buona salute

Che il Regno di Norvegia sia un vero e proprio trionfo della natura non ci sono dubbi. Esso fa parte della penisola Scandinava ed è un vero e proprio eden per gli amanti delle bellezze boreali e mozzafiato. Certo, bisogna non temere il freddo, considerando che a Oslo, la capitale, la temperatura in inverno può scendere anche a -20 gradi. Frastagliate in piccole isole, le coste norvegesi sono caratterizzate da una natura allo stesso tempo selvaggia e addomesticata: cime montagnose verdeggianti, immense foreste e i celebri fiordi si fondono in un armonioso equilibrio. Il mare e la montagna si alternano in un meraviglioso gioco di sguardi, osservati, dall'alto, dai romantici ghiacciai perenni. Poi c'è la bellissima Bergen, seconda città del Paese e porto principale del mare del Nord, con il suo incontestabile fascino. Il quartiere medievale di Bryggen, fondato nel XIV secolo, fa da cornice a un famoso mercato del pesce e offre un *defilé* straordinario delle sue antiche case in legno, esempio unico di architettura medievale norvegese, classificato Patrimonio mondiale dell'Unesco. La capitale, Oslo, è, invece, una vera e propria città giardino, circondata da laghi e parchi.

La Norvegia gode di un'ottima saluta economica, cosa non da poco considerando il particolare momento attuale: i ricchi giacimenti petroliferi, uno stato sociale efficiente, un tasso di disoccupazione molto basso (attualmente al 3%), salari elevati e un forte senso civico dei cittadini, ne fanno senz'altro un Paese attraente, specialmente per i cittadini dell'Europa meridionale, come Italia e Spagna, i quali rivolgono al Paese delle aurore boreali le loro speranze di vedere realizzati sogni e aspettative professionali.

Le cifre confermano che la Norvegia sia uno dei pochi Paesi europei meno penalizzati dall'esplosione della crisi che ha travolto l'Europa e il mondo. Che però sia una sorta di terra promessa, è tutto da vedere. A instillarci il dubbio sono le testimonianze di molti ragazzi spagnoli, le cui storie sono state prese a esempio dai media nazionali, i quali, incoraggiati anche da alcuni programmi televisivi in cui si dipingeva la Norvegia come il Paese dei balocchi, sono partiti in modo improvvisato e, giunti a destinazione, non conoscendo la lingua, impreparati ad affrontare il freddo polare, con pochi soldi in tasca per le prime spese – e qui affitto e cibo sono molto cari – si sono trovati a ingrossare le fila degli assistiti dalle associazioni caritatevoli di Bergen e Oslo. I sogni infranti di questi ragazzi ci danno uno spunto in più per insistere su una delle nostre filosofie di base: se volete spiccare il volo fatelo, ma munitevi di un paracadute molto resistente. Questo dovrà avere un'ottima intelaiatura, fatta di informazioni, il più precise possibile, sul Paese che avete prescelto. Per la Norvegia, eccovi di seguito il nostro contributo.

Vademecum per l'espatrio

La Norvegia fa parte di quei Paesi che hanno aderito alla convenzione di Schengen (pur non facendo parte dell'Eurozona e avendo, dunque, mantenuto la sua moneta, ovvero la corona norvegese). Ciò significa che per recarvi in Norvegia basterà il passaporto in corso di validità e/o la carta d'identità valida per l'espatrio. In questo modo il diritto di rimanere nel Paese per novanta giorni vi sarà garantito. Se l'obiettivo è vivere e lavorare nel Paese in modo permanente, bisogna approfondire un po' le regole in materia di immigrazione, soprattutto quelle introdotte dal nuovo decreto *Immigration Act* del 2010. Per i cittadini dell'Unione Europea le cose non sono poi così complicate. Per chi si trasferisce con l'idea di aprire un'attività in proprio, non avrà più bisogno di richiedere un permesso di residenza. Basterà registrarsi al più vicino ufficio di polizia e dimostrare che si sta lavorando. Se, invece, si va in Norvegia per trovare un impiego, il tempo concesso per la ricerca è di sei mesi. I ricongiungimenti famigliari sono estremamente facilitati per i cittadini provenienti dagli Stati Membri. Tra i siti validi c'è sicuramente quello dell'Ufficio immigrazione norvegese: www.udi.no (tradotto in varie lingue). L'Ambasciata norvegese in Italia (www.amb-norvegia.it) saprà rendersi altrettanto utile.

Quando si espatria la lingua è tanto importante quanto il bagaglio professionale e culturale. È vero, in Norvegia quasi tutti parlano inglese, però il norvegese andrà studiato comunque e bene. Se aspirate a un lavoro di qualità, mettetevi all'opera!

In Norvegia chi ha un lavoro può dormire sonni tranquilli in quanto a sanità pubblica. I lavoratori stranieri godono degli stessi diritti dei norvegesi (pensione, assicurazione malattia), visto che la quota contributiva verrà dedotta direttamente dallo stipendio. L'ottimo sistema sanitario è basato sulla franchigia: si paga un certo montante, al di là del quale l'assistenza è gratuita. Un esempio? Per il medico di base si paga intorno ai 16 euro, per una visita specialistica 35 euro. Gli ospedali sono, invece, interamente a carico dello stato. Con la TEAM (Tessera Europea Assistenza Malattia), si ha comunque diritto all'assistenza sanitaria gratuita per tutto il tempo che si resta su territorio norvegese (ma va rinnovata ogni anno). Il sito da consultare per questo tipo d'informazioni è: www.nav.no.

Il sistema bancario norvegese è molto solido. Sono tre i tipi di banche esistenti sul territorio: quelle per il risparmio, le filiali di istituti stranieri e quelle commerciali. Tra queste ultime, la più antica è la Storebrand Bank, fondata nel 1767. Per gli stranieri è conveniente scegliere una banca che offre un sistema multifunzionale, come DNB, Focus Bank, Nordea. Per aprire un conto in banca bisogna iscriversi al registro nazionale dell'Agenzia delle Entrate norvegese (www.skatteetaten.no) che rilascerà un numero composto dalla data di nascita e un codice personale. Con questo ci si dirige all'istituto bancario prescelto per concludere l'operazione. Oltre al passaporto, alcune banche potrebbero richiedervi una lettera di raccomandazione della vostra banca italiana. In genere, il giorno dell'apertura del conto riceverete la carta di credito e per posta vi verrà inviato il PIN. La Norvegia è un Paese dove le nuove tecnologie sono all'avanguardia e l'uso della rete è diventato abituale per maggior parte dei norvegesi che compiono operazioni bancarie online con molta disinvoltura, anche per i trasferimenti di denaro, riducendo di molto i costi di gestione del conto corrente.

Vivere e lavorare in Norvegia

Il mercato immobiliare in Norvegia gode di buona salute, anzi i prezzi sono in continuo aumento, tanto che molti investitori si stanno spostando verso queste latitudini. Agli elevati prezzi, sia per l'affitto che per l'acquisto, corrispondono uguali livelli di confort e di qualità. Il prezzo medio di affitto nella capitale tocca i 1000 euro per un appartamento di tre camere e può arrivare fino a 2000 euro nelle zone più chic. Tra i siti che si possono consultare per la ricerca di case c'è quello molto ben fatto dell'Associazione degli Agenti immobiliari norvegesi: www.nef.no o il molto popolare www.finn.no. Se si dispone del gruzzolo giusto e si vuole investire nel mattone, ci si può rivolgere a un avvocato, un agente immobiliare o una banca. Anche in questo caso il già citato sito degli agenti immobiliari è una fonte affidabile di informazioni. I quotidiani online hanno in genere una rubrica molto ampia dedicata agli annunci di case in affitto e in vendita. Se, invece, necessitate di una lista esaustiva degli operatori professionisti che operano nel settore, la potete trovare sul sito delle pagine gialle: www.gulesider.no.

La crisi non ha ovviamente ignorato la Norvegia, ma essendo questo uno stato fortemente ancorato ai principi di un solido welfare, ha scelto di armonizzare il libero mercato con un valido sistema di protezione dei suoi lavoratori e dei suoi cittadini. Esiste, infatti, un sussidio per la disoccupazione (che in verità non è molto alto) che garantisce a chi perde il posto di lavoro tre anni di stipendio al settanta per cento del totale. Il fatto che la burocrazia sia quasi inesistente, fa sì che questo sia versato sul conto in banca già una settimana dopo il licenziamento (chi ha avuto la sfortuna di vivere un'esperienza di questo tipo in Italia sa quanto la cosa non sia di poca importanza). Se state pensando di partire, però, non sarà certo per ritrovarsi disoccupati, meglio, quindi, concentrarci su come trovare un lavoro piuttosto che il contrario. Il network aiuta sempre e a maggior ragione per Paesi che magari conosciamo poco. Navigare nei forum e nei blog cercando sostegno in chi si è già integrato prima di noi, potrà sempre tornare utile, anche perché, al di fuori della capitale, il Paese resta un poco provinciale e soltanto recentemente si è aperto al fenomeno migratorio. Fino a ora il lavoro si è quasi tramandato da padre in figlio e l'assunzione in quanto *straniero* può non essere così immediata. Inoltre, può essere difficile trovare il lavoro corrispondente alle proprie qualifiche. I medici, per esempio, devono sostenere alcuni esami aggiuntivi all'università affinché il loro titolo di studi sia effettivamente riconosciuto e gli ingegneri sono impiegati anche in mansioni non necessariamente collegabili alla loro qualifica. Tra i settori più appetibili in questo momento figurano: il turismo, i servizi legati alla pesca e l'industria degli idrocarburi (qui gli ingegneri hanno buone possibilità). Anche gli infermieri specializzati possono trovare facilmente lavoro. Un sito che pubblica numerosi annunci di ricerca di lavoro è: www.nav.no. Anche il portale Nortrade può essere fonte di informazioni utili: www.nortrade.com.

La Norvegia può essere un vero paradiso per l'imprenditore: le infrastrutture sono eccellenti, la burocrazia scarsa, l'amministrazione efficiente. Se non bastasse, sono previsti degli incentivi statali per chi progetti di mettere in piedi attività capaci di creare posti di lavoro. Potete verificare meglio sul sito www.bedin.no e su quello del ministero dell'Economia e del Commercio, www.regjeringen.no. Anche la città di Oslo offre un servizio esaustivo sull'argomento: www.naringsetaten.oslo.kommune.no. Vanno sempre contattati, inoltre, i siti della rete italiana, come la Camera di Commercio italo-norvegese (www.nihk.no/chisiamo) e l'Ambasciata d'Italia in Norvegia (www.ambooslo.esteri.it/Ambasciata_Oslo).

Vivere da pensionati in Norvegia

La pace, la tranquillità, l'ordine e la bellezza dei paesaggi sono tra le prime caratteristiche di un Paese che di risorse ne ha in abbondanza. Si può facilmente soccombere al fascino del sole di mezzanotte e decidere di trascorrere in Norvegia la propria vita da pensionati. È da verificare con l'Agenzia delle Entrate come e dove dovrete pagare le tasse. Per la sanità, dovrebbe essere garantita una copertura di base per tutti i cittadini europei. Il sito da consultare è: www.nav.no.

I siti/blog che parlano italiano

Il sito della rete *italians* (www.italiansonline.net) fornisce informazioni utili e facilmente fruibili. Un blog più personalizzato e ricco di dati è www.cstrep.wordpress.com. Specializzata nella ricerca di lavoro è poi la pagina web www.norvegia.cc/come-cercare-lavoro-in-norvegia.html.

PARTE QUARTA

Storie di cambiamento

Riportiamo qui alcune storie di italiani espatriati nei Paesi di cui vi abbiamo presentato le schede. Ce ne sarebbero moltissime, ma abbiamo scelto quelle che, per vari motivi, ci sono sembrate le più emblematiche di tutto quanto abbiamo detto, sia in relazione alla pianificazione, sia dal punto di vista dell'atteggiamento mentale e motivazionale. Il nostro intento è, dunque, quello di fornire una panoramica, la più completa possibile, su come ci si prepara e si affronta il cambiamento, su come ambientarsi nel nuovo Paese e su quali e quante difficoltà si possono incontrare. Sono storie di lavoro, fatica e impegno tanto più esemplari nel loro essere testimonianza di una straordinaria normalità.

Australia

Alessandro è un giovane manager milanese da nove anni trasferitosi in Australia. Qui lavora come *business development manager* per un'azienda di arredamenti e componenti d'arredo di alto livello. Dopo un'esperienza biennale in Nuova Zelanda e un difficile rientro in Italia durante il quale apre e chiude un ristorante, Alessandro trova finalmente il Paese giusto in cui costruirsi una nuova vita. Durante un viaggio di tre mesi con la sua compagna, si rende conto di come l'Australia sia un Paese con potenzialità non ancora sfruttate, in cui c'è ancora tanto da fare e da lavorare. E infatti Alessandro lavora tantissimo, riuscendo a costruirsi una posizione professionale ricca di soddisfazioni. La sua intervista può essere utilissima sia per le informazioni pratiche che condivide con noi su molti dei passi necessari ad affrontare un trasferimento a queste latitudini, sia come testimonianza di come l'Australia sia un Paese in fermento, con possibilità di crescita notevolissime, tanto da ricordare ad Alessandro il clima che si respirava nell'Italia del secondo dopoguerra, quando tutto era nuovo, possibile e la gente credeva, e sperava, fortemente in un futuro migliore.

Brasile

Sul Brasile ci sarebbero molte storie da raccontare. Noi ne abbiamo scelta una perché è un esempio di grande forza di volontà e determinazione che ha portato la protagonista a superare non poche difficoltà. Gaia, milanese, ha rischiato di rinunciare al suo sogno per una serie di difficoltà incontrate durante il suo soggiorno brasiliano. Account per una azienda della sua città, si reca in Brasile per la prima volta per lavoro, grazie all'incarico affidatole di valutare la possibilità di fare investimenti e aprire attività in questo Paese. Durante un pranzo domenicale conosce la località in cui, poi, si stabilirà: Jericoacoara. È amore a prima vista per quel paradiso in mezzo a niente, come lo definisce lei stessa. Tornata in Italia, lascia il suo lavoro e decide di realizzare il suo sogno: quello di aprire una posada. Qui cominciano, però, i problemi: i rapporti con quello che sarebbe dovuto essere il suo socio non vanno bene. Dopo averle rifilato una serie di fregature, la lascia completamente senza soldi. Gaia si ritrova a non avere più nulla, neanche uno straccio di lavoro. Pensa di mollare tutto e rinunciare, ma non lo fa, perché il suo sogno è più importante di tutto il resto. Si rimette in piedi, insiste, fatica e, ora, ha la sua posada in un vero paradiso. Ha ancora tanti progetti e, grazie al suo incontenibile ottimismo e alla sua voglia di fare, siamo certi si toglierà ancora tante altre soddisfazioni.

C'è anche chi in Brasile si è costruito una solida carriera come professore universitario. È il caso di Andrea, insegnante di Antropologia all'Università Federale di Integrazione Latino Americana. Il suo amore per questa terra comincia negli anni Ottanta quando, ancora studente, decide di seguire le lezioni di Letteratura Brasiliana. Un vero e proprio colpo di fulmine. Tra l'85 e l'88 si reca in Brasile per un master. Torna in Italia, si concede due anni di tempo per vedere cosa si muove nel suo Paese. Il tempo passa, Andrea consegue altri master, un dottorato, ma niente, nessuna porta sembra aprirsi di fronte al suo talento e alla sua preparazione. Così prende al volo un'offerta di lavoro che gli arriva da un'università brasiliana. Trova, fin da subito, nel mondo accademico sudamericano un clima completamente diverso da quello italiano, in cui i concorsi sono veri e trasparenti e il lavoro del professore viene svolto in modo coinvolgente e qualificante. Ora, come prorettore alla ricerca dell'università per cui lavora, Andrea sente di rivestire un ruolo davvero importante e utile per le giovani generazioni. Le sue giornate di lavoro sono lunghe perché non si riducono alle ore di lezione, ma richiedono un impegno costante nel costruire un rapporto intenso, sia con i propri studenti, che con l'intero territorio. Il Brasile è un Paese che sta puntando moltissimo sull'università per crescere economicamente e che – come ci racconta lo stesso Andrea – ha capito che senza un'università forte, competitiva e ben finanziata non c'è futuro. Ovvio come tutto ciò si rifletta anche in modo positivo sul ruolo sociale degli stessi professori.

Canada

Come abbiamo accennato nella scheda dedicata a questo Paese, il Canada sta diventando, sempre più, una delle mete maggiormente ambite dai nostri connazionali alla ricerca di una nuova vita all'estero. Anche Mario ha trovato qui la sua nuova casa e la strada giusta per poter finalmente esercitare il suo mestiere, quello di giornalista. Dopo anni di lavori precari, curricula spediti senza ricevere risposte, Mario decide di cercare un impiego fuori dall'Italia e lo trova al «Corriere Canadese». Non ci pensa due volte, parte e ricomincia. La sua è una storia simile a quella di molti altri giovani, stanchi di arrabattarsi tra lavori mal pagati e precari. Il Canada, dalle sue parole, ha ridato dignità a lui e al suo lavoro di cui ha riscoperto la funzione sociale e di denuncia, grazie anche alla libertà con cui è possibile svolgerlo. L'aspetto che Mario maggiormente apprezza del Canada è il multiculturalismo, caratteristica che ha positivamente influenzato anche l'altra sua grande passione: la cucina. Il suo blog, infatti, raccoglie, oltre alle sue conoscenze da sommelier, tutta una serie di ricette originali e gustosissime, nelle quali Mario ha rielaborato, grazie anche alla sua personale fantasia, tutte quelle contaminazioni culturali che la sua nuova terra gli ha regalato.

Comunque vada sarà un successo. È questo che si sono detti Diego e la sua fidanzata quando hanno deciso di partire per Vancouver. Da un po' cominciavano a porsi molte domande su quali prospettive potesse dare loro un Paese come l'Italia e se non fosse il caso di guardare altrove. Inizialmente pensavano alla Spagna ma, vista la situazione economica del Paese iberico, decidono di volgere il loro sguardo un po' più lontano, verso il Canada. Diego lascia i suoi studi per raggranellare i soldi che gli serviranno per il viaggio. Poi la partenza. Adesso a Vancouver lavora come *web architect* e la sua ragazza come cameriera in un ristorante italiano. La loro vita ora si sta assestando, dopo un inizio complesso, come tutti gli inizi, che Diego è riuscito brillantemente a superare sforzandosi di guardare sempre al lato positivo delle cose e trasformando anche gli aspetti negativi in occasione di crescita personale. Vancouver si è confermata una città dall'altissima qualità di vita, multiculturale, aperta e ricca di opportunità. È questo clima sociale che porta Diego a guardare ancora più lontano: alla speranza di far nascere e crescere in questo Paese i suoi figli.

Repubblica Dominicana

Molti italiani, attratti dal clima favorevole, dai ritmi lenti e dal mare decisamente bellissimo, si spingono qui per ricominciare. Forse è una delle mete più abusate, la Repubblica Dominicana, ma il successo che riscuote è del tutto meritato e motivato. È il caso di Luca e sua moglie Cinzia, veneziani che per lungo tempo hanno accarezzato il desiderio di trasferirsi in un Paese caldo e solare senza trovare mai il coraggio di farlo. Veri e propri alibi e falsi paletti – come li hanno chiamati loro – si frapponevano tra realtà e sogno. A Venezia avevano entrambi un'attività imprenditoriale ben avviata e di successo e poco, pochissimo tempo per beneficiare dei soldi guadagnati e godersi la loro reciproca vicinanza. Lunghe, lunghissime giornate concluse avvolti dalla stanchezza. I viaggi, però, non potevano mancare. Era questa l'unica parentesi di vita vera che riuscivano a ritagliarsi pur dovendosela difendere con le unghie e con i denti. È proprio durante uno di questi che scoprono la Repubblica Dominicana e se ne innamorano letteralmente: vedono cose belle e cose meno belle, ma il ricordo e le immagini di quel viaggio non li lasciano più. Tornano a Venezia, ma la testa e il cuore rimangono dall'altra parte del mondo. Resistono ancora un anno e poi, finalmente, la decisione di mollare tutto e ricominciare altrove. Anche loro, come altri nostri connazionali, gestiscono un'agenzia immobiliare che dà anche consulenza a chi volesse seguire il loro esempio e cambiare vita.

Stati Uniti

Vincenzo è un giovane ferrarese, laureato in Economia. Da tre anni vive a Philadelphia dove fa il *project manager* per una grande azienda. Abbiamo scelto la sua storia perché è emblematica dello spirito pratico e dell'attenta programmazione la cui importanza è stata a lungo sottolineata in precedenza. Per Vincenzo la molla è scattata dopo essersi innamorato di una ragazza americana. La sua vita e il suo lavoro avrebbero potuto continuare a scorrere sui binari, piuttosto solidi, che avevano seguito fino a quel momento. Ma, forse grazie anche alla sua giovane età, Vincenzo decide, non di fuggire, ma di cogliere un'occasione mettendosi alla prova in un Paese nuovo e stimolante come gli USA. La motivazione scatenante della sua partenza è stato il sentimento per la sua compagna, ma, indipendentemente dalla sua storia d'amore, ha lavorato sodo affinché gli Stati Uniti diventassero per lui teatro di crescita professionale e umana. Il suo è un racconto estremamente lucido, anche nel mettere in chiaro come non sia stato per nulla facile né cambiare, né adattarsi alla nuova vita. La sua testimonianza, raccontata in un blog, è altresì preziosa per le numerose informazioni pratiche che dà a coloro i quali volessero trasferirsi oltreoceano, con i quali mette in condivisione tutto ciò che l'esperienza gli ha insegnato e che c'è da sapere, anche a livello burocratico, per affrontare nel modo giusto l'avventura americana.

Una storia che sa di favola è quella di Carlo e del suo sogno, che lo ha portato dall'Italia, dove era ufficiale dei carabinieri, a Los Angeles, dove fa l'attore. Carlo, napoletano, ha solo quattordici anni quando decide di andar via di casa e di finire gli ultimi anni del liceo in una scuola militare: vuole diventare un investigatore per difendere i più deboli. È così che diventa un ufficiale dei carabinieri: un lavoro difficile, delicato e spesso pericoloso, in cui ti insegnano a non esprimere le tue emozioni. Inizialmente le soddisfazioni sembrano ripagare l'impegno profuso, poi cominciano a subentrare la delusione e la stanchezza. Da qui la vita di Carlo prende la svolta cruciale. Lasciata l'Arma dei carabinieri ricomincia da capo e questa volta lo fa per dedicarsi finalmente alla sua vera passione, la recitazione. Altra gavetta, altri sacrifici per diplomarsi all'Accademia d'arte drammatica. Anche gli aspetti emozionali devono essere riconsiderati totalmente quando si intraprende un cambiamento di campo così radicale: dalla caserma al palcoscenico il salto è rischioso e dà le vertigini. Purtroppo Carlo realizza presto quanto in Italia il percorso degli aspiranti attori sia in salita e così, due anni fa, un'altra decisione: quella di trasferirsi in America, Paese che si dimostra davvero la terra delle opportunità. Los Angeles è per antonomasia l'industria del cinema e qui Carlo riesce a realizzare i suoi sogni e a lavorare davvero come attore e sceneggiatore. Senza conoscere nessuno, senza contatti e con una conoscenza della lingua non perfetta, Carlo studia, tanto, e dopo tre mesi firma il suo primo contratto come autore. Los Angeles, un set cinematografico a cielo aperto, gli regala la sua nuova, seconda vita.

Sudafrica

Giovanna vive dal 2009 a Città del Capo con il marito. Da tempo pensavano a fare il grande passo di intraprendere un'esperienza di vita all'estero e il Sudafrica è il Paese su cui hanno scelto di scommettere. Qui continuano a fare il lavoro che facevano anche in Italia dove si occupavano di *information tecnology*. Un cambiamento avvenuto senza troppi strappi e difficoltà, quindi. Giovanna ci racconta di una città in continua evoluzione, con una qualità della vita piuttosto alta e ricca di tradizioni e usanze affascinanti. Un luogo di certo non privo di contraddizioni, che ha vissuto transazioni sociali di notevole profondità, ma forse per questo ancora più stimolante. Una bella testimonianza di un cambiamento non proprio scontato.

«Ho scelto di abbandonare l'Italia, principalmente perché non riuscivo a godermi la vita, lavoravo molto, avevo poco tempo libero e in quel poco tempo libero, la città non offriva niente di speciale, se non ristoranti e locali. Volevo vivere in un luogo che fosse bello e che avesse un clima più mite. Vivevo a Milano e nell'aprile 2007 decisi di fare una vacanza a Città del Capo e nel Kruger Park, dove viveva un mio amico, trasferitosi da poco anche lui. Città del Capo mi è piaciuta immediatamente anche e soprattutto per la qualità della vita, decisamente migliore rispetto a quella italiana. Ormai sono quasi quattro anni che ci vivo, precisamente dall'aprile del 2008». Con queste parole inizia il racconto di Andrea, che in Italia faceva l'agente finanziario e ora lavora per un'azienda che importa il caffè di una nota marca italiana. È entusiasta di vivere a Città del Capo, che descrive come un luogo estremamente pulito, multiculturale ed economicamente dinamico, soprattutto dopo i Campionati di calcio del 2010. Ad Andrea certo, qualcosa dell'Italia manca, ma si è ambientato ormai benissimo anche perché dice che Città del Capo sembra più un grande Paese che una città, in cui ci si conosce tutti e i rapporti umani non sono così difficili da stabilire.

Patrizia, il marito Mimmo e Alessio, il loro figlio quattordicenne, hanno trovato a Sousa il loro paradiso. Entrambi professionisti affermati, a un certo punto sentono il bisogno di cambiare vita rimettendo in discussione priorità e valori che spesso si fa l'errore di dare per scontati. Anche qui la scintilla arriva per caso. Un giorno Mimmo, dal computer del suo ufficio, vede una foto di Sousa e qualcosa scatta dentro di lui. Patrizia e Alessio vanno in avanscoperta e al loro ritorno trovano a stento le parole per descrivere cosa hanno visto. Quello è il posto in cui possono ricominciare e vivere come hanno sempre voluto. Così, nel 2009 la famiglia si trasferisce definitivamente. Mimmo ora gestisce una scuola di calcio, avendo conseguito in Italia il patentino da allenatore riconosciuto dalla FGCI, Patrizia cura la sua agenzia, la Caraibi Dream, mentre Alessio frequenta una scuola in cui ha avuto la possibilità di imparare due lingue e di crescere in un ambiente ricco di stimoli. È forse proprio la vita che ha potuto offrire a suo figlio a rendere Patrizia particolarmente felice della scelta presa qualche anno fa, oltre, naturalmente, alle soddisfazioni che le arrivano dal suo lavoro e dall'ambiente umano che la circonda. Patrizia parla con profondo amore di Sousa e della sua gente, dei rapporti che è riuscita a creare e della bellezza che fa da sfondo alle sue giornate. Per qualcuno il paradiso esiste ed è qui.

Thailandia

Erano i primi anni Novanta quando Stefano conosce Koh Samui, un'isoletta della Thailandia dalla natura incontaminata e selvaggia, in cui il tempo sembra rallentare, scandito dai sorrisi della popolazione locale. Da allora, grazie anche alla sua libera professione, Stefano riesce a trascorrervi lunghi periodi di tempo, in cui, senza fretta, impara a conoscerla e ad amarla sempre più. L'isola cambia pian piano sotto i suoi occhi, Stefano la vede mutare, assecondando la sua vocazione turistica che, però, non ne stravolge lo spirito. Alla fine degli anni Novanta Stefano decide di trasferirsi definitivamente e comincia un lento percorso di cambiamento, professionale e umano, che lo ha portato a sposare una ragazza del luogo e ad aprire una sua agenzia immobiliare che non si occupa solo della vendita, ma anche della realizzazione degli immobili. Qui Stefano ha, dunque, scoperto la sua inclinazione personale per uno stile di vita davvero agli antipodi rispetto a quello occidentale a cui, anche lui, aveva dovuto gioco forza adeguarsi per tanti anni.

Mauro, fiorentino e figlio di artisti, comincia giovanissimo la carriera di hair stylist: a tredici anni è già a Londra per imparare il mestiere e, nel giro di pochi anni, assume importanti incarichi in alcuni famosissimi saloni come l'Haute Couture di Milano e il Fashion a Roma. Da poco più di un anno Mauro ha iniziato la sua più importante avventura professionale: l'apertura di un salone suo, l'Element, a Bangkok. L'occasione si presenta quando, quella che poi sarebbe diventata la sua attuale socia, decide di mettersi in cerca di un parrucchiere italiano che sia disposto ad aprire con lei un negozio in Thailandia. Mauro non si lascia sfuggire l'opportunità e raccoglie la sfida di cimentarsi in questa avventura. Le capacità professionali, il talento e la creatività tipicamente italiana hanno fatto sì che quello di Mauro diventasse uno dei saloni più famosi e di maggior successo della città. Ed è proprio Bangkok, con i suoi milioni di abitanti, a rappresentare una grande e quotidiana fonte di ispirazione per Mauro: tante persone, di tante nazionalità diverse e di diversi tratti somatici sono il materiale su cui Mauro lavora per far nascere le sue idee. Certo, i ritmi di lavoro sono comunque frenetici, anzi; ma le soddisfazioni sono più forti di ogni stanchezza.

Germania

Perché la storia di Anna? Perché è una storia assolutamente normale, capace però di sfatare il luogo comune secondo cui per espatriare e cambiare vita ci vogliano molti soldi. Niente di più falso. Anna, quarantenne, veneta, dal 2008 vive a Lipsia. Lascia la sua regione dopo una vita di lavori non molto soddisfacenti, tra cui quello di traduttrice tecnica, operatrice di call center e anche colf, tutti lavori che, di certo, non ne hanno fatto una persona ricca. Almeno non di soldi, ma certo di voglia di cambiare. Grazie alla sua passione per i computer, trova in rete un annuncio per lavorare in Germania nel campo informatico. Risponde, viene sottoposta a un test linguistico online e, nel giro di pochissimo, viene assunta. Ora vive a Lipsia, splendida città della ex Germania Est dove, grazie alla tranquillità lavorativa, riesce a dedicarsi anche ai suoi due grandi amori: il Teatro e l'Opera. Il desiderio di provare nuove esperienze e tanta curiosità l'hanno spinta a trasferirsi all'estero e ora Anna è felice della sua vita molto *normale*, nell'accezione più positiva del termine. Un aspetto molto importante e che ci ha colpito particolarmente, è il modo pieno di rispetto con cui Anna si è integrata nella società tedesca pur mantenendo ben salda la sua identità di italiana.

Era il settembre di dieci anni fa quando Valerio, classe '56, musicista, ha deciso di non volerne più saperne del nostro Paese. Dopo tanti anni trascorsi in giro per l'Italia a suonare nei locali e nelle balere, la fatica, i viaggi in auto, continuava a ritrovarsi con le tasche quasi vuote e poche prospettive di miglioramento. Allora, un giorno di settembre, Valerio carica la sua famiglia su un furgone e fugge. Destinazione Baviera, la terra di sua moglie, conosciuta mentre cantava in un pub. Qui riesce a rimettere insieme i pezzi della sua vita e del suo lavoro, ritrovandosi, finalmente, in un ambiente in cui il suo mestiere viene rispettato, trattato alla stregua di qualunque altra professione e, cosa non secondaria, ben pagato. Adesso Valerio, pur non nascondendo le difficoltà e le tante cose che gli mancano dell'Italia, riesce a svolgere il suo lavoro con soddisfazione e professionalità. Non è stato facile, ma qui ha riscoperto il valore della parola meritocrazia e ha trovato il modo per vivere del suo talento. Si è creato un bel giro di contatti con cui riesce a fare serate e concerti.

Inghilterra

Sebbene per molti Inghilterra sia sinonimo di Londra, noi abbiamo scelto una storia più periferica. E non perché non ci siano testimonianze di connazionali che nella capitale del Regno Unito sono riusciti a crearsi una vita ricca di soddisfazioni, semplicemente ci piaceva riportare una testimonianza un po' diversa che dimostra come, cercando e credendoci, si possa anche trovare lavoro in un contesto meno urbano. Piero, dentista pugliese, la sua nuova casa l'ha trovata nel Dorset, a Bournemouth, nel sud del Paese. Una piccola località tipicamente british, con ritmi e stili di vita che sono esattamente quelli che ci si immagina quando si pensa a un certo tipo di Inghilterra. Qui Piero esercita la sua professione e vive integrato completamente in un contesto sociale e culturale molto diverso da quello italico. Il lavoro lo ha trovato leggendo una rivista specializzata e ha deciso di assecondare la sua voglia di crescere e cambiare. Quello del luogo in cui vive è uno stile di vita semplice e molto diverso da quello della capitale (che dista comunque solo 150 chilometri), tipico di una cittadina turistica, buen retiro per poeti e scrittori, con un rispetto per il prossimo molto radicato nella cultura anche quotidiana. Weekend fatti di sport e musica, freccette e biliardo nei pub della città.

Trasferiamoci a Manchester, la città che ha ridato a Mara la consapevolezza di poter essere stimata per il suo lavoro. Dopo aver conseguito una laurea in Scienze Biologiche all'Università degli Studi di Bari ottiene una borsa di studio per tre anni al CNR. In seguito lavora per due anni al Consorzio CARSO di Bari. È durante questi anni che riceve un invito per frequentare uno stage alla UMIST di Manchester dove, nel 1998 si trasferisce definitivamente. Qui comincia una carriera universitaria che, forse, in Italia le sarebbe stata impossibile. Ora lavora come *experiental officer* presso il Doctoral Training Center for Integrative System Biology per cui si occupa, oltre che di ricerca in senso stretto, di organizzare e tenere corsi, conferenze e di seguire sia la parte amministrativa che quella delle pubbliche relazioni. Giornate frenetiche che Mara affronta con passione e che non si concludono neanche al calare del solo: spesso, infatti, Mara dedica le sue serate a leggere le mail di lavoro e a preparare le lezioni per il giorno seguente. Tanta fatica, impegno e lavoro ma la consapevolezza di quanto sia apprezzato il suo lavoro, in un ambiente estremamente qualificato e professionale.

Norvegia

Il Grande Nord. Non tutti sognano paradisi tropicali e sole tutto l'anno. C'è anche chi, il suo paradiso lo ha trovato nel Nord d'Europa. È il caso di Attilio. La sua è la storia di un uomo abituato a viaggiare per il mondo. Fin da giovane, infatti, con il fratello, zaino in spalla, intraprende lunghi e avventurosi viaggi. Da qui in poi la sua sarà una vita in continuo movimento, un percorso che lo porta a cambiare freneticamente luoghi e mestieri. Per un certo periodo Attilio diventa anche artista di circo, un lavoro pesante, ma mai noioso, che si sposa alla perfezione con la sua allergia alla stabilità. A un certo punto torna in Italia, dove tenta l'avventura di aprire un ristorante tutto suo. La crisi purtroppo arriva a guastare i suoi piani, ma il protagonista di questa nostra storia non si scoraggia, anche perché ormai il cambiamento è entrato a far parte del suo DNA: mutare luogo, abitudini, lavoro sono qualcosa di assolutamente naturale per lui. Alla fine Attilio le radici le mette in terra scandinava, dove fa il cuoco in un ristorante italiano e si gode il successo dei suoi piatti, della sua creatività. La Norvegia, ci racconta, è il Paese che gli ha insegnato a sognare e la cosa, dall'esterno, suona quasi paradossale per uno con un passato come il suo.

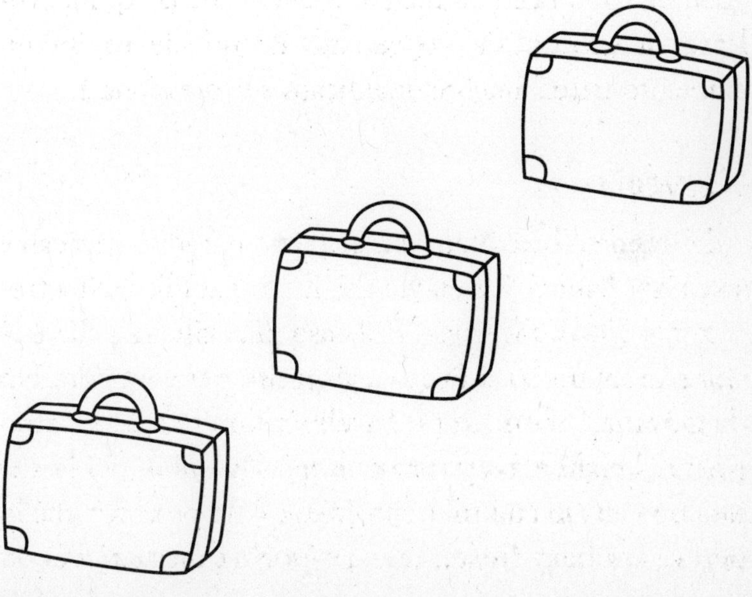

Conclusioni

Se sai il perché puoi sopportare ogni come
Friedrich Nietzsche

Se siete arrivati a leggere questa citazione vuol dire che ci avete letti fino alla fine. Che questo viaggio vi sia piaciuto, che lo abbiate trovato emozionante e stimolante, è il minimo che possiamo augurarci. Se così è vuol dire anche che la frase con cui abbiamo pensato di salutarvi non vi suonerà solo come una dotta citazione, ma come l'essenza di tutto il libro. Ciò che abbiamo voluto raccontarvi è che, se il cambiamento possa essere a un certo punto percepito come un'esigenza naturale e inevitabile, esso può e deve essere indirizzato su strade costruttive e ragionate, siano esse già sognate o del tutto impensate. L'importante è non fermarsi a pensare che le difficoltà siano sinonimo di impossibilità. Le storie che vi abbiamo raccontato, i consigli che vi abbiamo dato, dimostrano che senza fatica non si fa molta strada. Ma questa può essere ripagata dalla soddisfazione di diventare veramente protagonisti in prima persona del cambiamento e, di conseguenza, delle nostre vite. Sapere il *perché* vuol dire uscire dalla nebbia di un disagio indefinito per entrare nel *come* e farlo diventare un'opportunità. Tutto dipende da noi, se non al 100% sicuramente al 90%. Fantasia, creatività, coraggio, idee chiare, forza di volontà, impegno e tanto, tanto lavoro. Con questa bella cassetta degli attrezzi dire: «Voglio vivere così» sarà l'inizio di un lungo e bellissimo viaggio.

Ringraziamenti

Grazie a tutti gli amici che, all'estero e in Italia, ci hanno raccontato le loro bellissime storie. Senza di loro il nostro sito non ci sarebbe. Questo lavoro è dedicato a tutti loro. E grazie anche all'editore, senza il quale non ci sarebbe stato il libro.

Indice

John Briffa
Dimagrisci subito mangiando

Il **Dr. John Briffa** si è formato alla University College London School of Medicine e attualmente svolge la professione medica nella capitale inglese. Ha all'attivo diverse pubblicazioni su temi legati alla salute, alle diete e al dimagrimento. Da più di vent'anni studia l'applicazione della medicina naturale alle tecniche per perdere peso, e ha ricevuto diversi premi per la sua attività. Per saperne di più: drbriffa.com

Volume rilegato di 336 pagine. € 12,90

Dimagrisci subito mangiando ci svela finalmente alcuni segreti alla base di un regime alimentare davvero sano, per sfuggire al terribile effetto yo-yo che tormenta chi ha problemi di peso. Se è vero che in ogni rivista o blog possiamo trovare dei consigli per ridurre le calorie che ingeriamo, non è detto che seguendoli alla lettera riusciremo a conquistare la forma fisica desiderata. Anzi, è probabile che, dopo ore interminabili passate in palestra e frustranti proibizioni alimentari, davanti ai primi fallimenti correremo subito ad abbuffarci. In questo libro, invece, il dottor John Briffa ci dimostra come uscire dal circolo vizioso delle vecchie diete e instaurare finalmente un rapporto equilibrato con il cibo e con il nostro corpo, senza dover calcolare le calorie di ogni pasto o patire la fame. Una lettura indispensabile per poter dire, una volta per tutte: «Ho perso i chili di troppo... tanto tempo fa!».

Newton Compton Editori

Maria Giovanna Davoli

Fiorology

Tutti i segreti delle piante e dei fiori

Maria Giovanna Davoli è nata a La Maddalena, in Sardegna. Ha studiato a Sassari laureandosi in Scienze agrarie. Da sempre appassionata di natura e ambiente ha fatto di questa inclinazione il suo mestiere. Ha lavorato dapprima come agronomo e poi si è occupata più specificamente di informazione ambientale. Vive e lavora a Sassari. *Fiorology. Tutti i segreti delle piante e dei fiori* è il suo primo libro. Per saperne di più visitate il sito www.elicriso.it.

Volume rilegato di 320 pagine
+ 48 tavole fuori testo a colori. € 9,90

Aloe, ananas, azalea, begonia, ciclamino, ficus, geranio, gelsomino, ibisco, ortensia, violetta. Tante sono le piante ornamentali che ci circondano, dando gusto, profumo e colore alla nostra vita. Da sempre nostre amiche, accompagnano la storia e ispirano generazioni di poeti e scrittori, arricchendo con le loro essenze e con la loro grazia e bellezza ogni nostra giornata. *Fiorology* è un manuale semplice, completo ed efficace che svela tutti i segreti delle piante e fornisce precise indicazioni su come accudirle in casa, in giardino e in terrazzo, per riconciliarci finalmente, anche in città, con la voce della natura. Perché anche la pianta da salotto contribuisce a rendere il mondo migliore e più vivibile. Dai modi per riconoscerle, ai consigli su quale acquistare, alle tecniche di coltivazione per fortificarle e proteggerle dalle malattie, fino ai suggerimenti pratici e alle curiosità, questo libro ci insegna ad amare e rispettare le piante, suggerendo anche un nuovo modo per entrare in relazione con la natura.

Newton Compton Editori

Luca Stanchieri

101 cose che devi sapere
per difenderti dai bugiardi e dai traditori

Luca Stanchieri laureato in psicologia ed economia presso la Sapienza di Roma, è un life coach professionista, vive e lavora a Roma, conduce seminari orientati alla realizzazione dell'individuo. Ha partecipato come esperto a numerosi programmi TV e ha condotto la trasmissione *Adolescenti: Istruzioni per l'Uso*, trasmessa su Sky e su La7. Con la Newton Compton ha pubblicato *101 modi per liberarti dagli stronzi e trovare soddisfazione nel lavoro*, *101 modi per allenare l'autostima*

Volume brossurato di 192 pagine. € 9,90

Non credete a chi vi dice che le bugie hanno le gambe corte: mentire è un'arte in cui ognuno noi eccelle, della quale siamo esperti, che impariamo fin da bambini, così come impariamo a parlare. Da adulti la trasformiamo in una risorsa: per evitare gli ostacoli, per vigliaccheria o per semplice furbizia. L'insieme delle bugie fa un salto di qualità quando diventa tradimento. Tradiamo i nostri cari, a volte mentiamo a qualcuno per non ferirlo, spesso inganniamo addirittura noi stessi. Siamo artefici abilissimi di questa consuetudine. Ma siamo pronti a difenderci quando ne siamo vittime? La risposta è no.
Luca Stanchieri, life coach di professione, offre in questo libro una panoramica delle bugie più frequenti – da quelle infantili a quelle più sofisticate, da quelle verso noi stessi a quelle in amore – e analizza i tipi di tradimento più diffusi, studiandone fasi e processi, e proponendo, per ogni situazione, il percorso adatto per difenderci, per prevenire e per superare i momenti di crisi.

Newton Compton Editori